DROEMER

OLE HÄNTZSCHEL & MATTHIAS STOLZ

ATLAS DER UNBEQUEMEN WAHRHEITEN

90 INFOGRAFIKEN

DROEMER✳

Inhaltsverzeichnis

Vorwort

Eine gemeinsame Freundin warnte uns vor diesem Buch, sie meinte: Eure Grafiken sind doch besonders gut, wenn sie lustig sind. Kann sein. Diesmal aber war es uns, man möge es uns nachsehen, nach etwas mehr Ernst.

Seit fast zehn Jahren machen wir gemeinsam Infografiken. Als unser erstes Buch erschien, gab es das Genre Infografikbücher in Deutschland noch nicht. Einzig David McCandless machte in England vor, was wir toll fanden. Wir fühlten uns daher frei, alle möglichen Themen in ein Buch zu packen. Kunterbunt mischten wir eine Grafik über die Streifen der Zahnpasten mit einer, die zeigte, wie lange der Krieg in Afghanistan dauerte.

Als wir uns für dieses neue Buch entschieden, im Frühsommer 2016, war Trump noch nicht Präsident der USA und die Briten hatten sich noch nicht für den Brexit entschieden. Aber jeder wusste schon: Die Welt könnte sich verdüstern. Wir hatten das Gefühl, dass wir ein ernsteres Buch machen wollten, ein Buch über Fakten, die keine Fakes sind. Uns war einfach gerade nicht nach Zahnpasta. Infografik kann viel mehr. Infografiken können helfen, einen bedauerlichen Zustand auf einen Blick verständlich zu machen. Manchmal wundern wir uns, wie selten dieses Mittel eingesetzt wird. Warum benutzt keine Partei Infografiken im Wahlkampf auf Plakaten?

In unserem ersten Buch *Die große Jahresschau*, das 2009 erschien, hatten wir eine Grafik, die eine einzige Frau unter lauter Männern in sämtlichen DAX-Vorständen zeigte. Damals war das Thema „Frauen in Vorständen" noch nicht in den Schlagzeilen. Heute ist das anders. Wir bilden uns natürlich nicht ein, dass unsere Grafik damals die Frauen-in-DAX-Vorständen-Diskussion befördert hat. Das war Zufall, es lag in der Luft.

Wir haben versucht, auch diesmal Themen zu finden, die kaum öffentlich diskutiert werden, obwohl sie unserer Meinung nach bedenklich, unbequem oder sogar skandalös sind. Wir haben uns zum Beispiel gefragt, wie viele Männer und Frauen, die türkische Eltern haben, es in DAX-Vorstände gebracht haben. Denn immerhin sind die Türken die größte Migrantengruppe in Deutschland.

Wir bedanken uns für ihre Ideen, Recherchen, Zeichnungen und Kritik herzlich bei: Nina Bengtson, Isabel Canet, Friederike Gräff, Anna Gritz, Susanne Klautzsch, Anna Loll, Jo Anna-Flavia Schmidt, Lisa Strunz und Sam Wild.

Ole Häntzschel und Matthias Stolz

August 2017

Vielfliegerei

**Es ist einfach, sich über die Klimapolitik von Trump aufzuregen.
Wie sieht es mit dem Flugverhalten der Deutschen aus?**

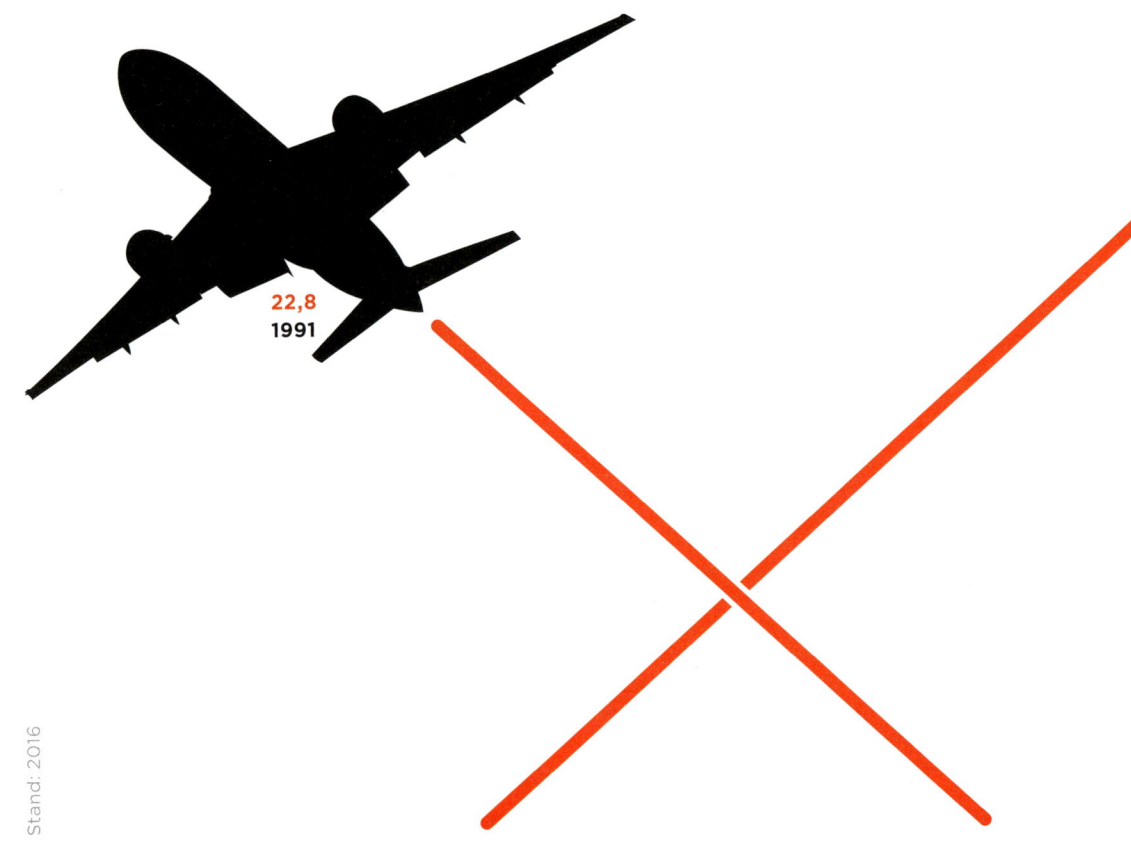

22,8
1991

Stand: 2016

61,3
2015

Strecke in Milliarden Kilometer, die insgesamt von allen Passagieren in Deutschland zurückgelegt wurde (Fachausdruck: Personenkilometer)

Wenn in einem Flugzeug 100 Personen sitzen und dieses 500 km weit fliegt, ergeben sich damit 50 000 Personenkilometer.

Gleichgeschlechtliche Ehe

Wo ist sie möglich?

gleichwertig zur Ehe zwischen Mann und Frau

Stand: 2017

erhebliche Einschränkungen

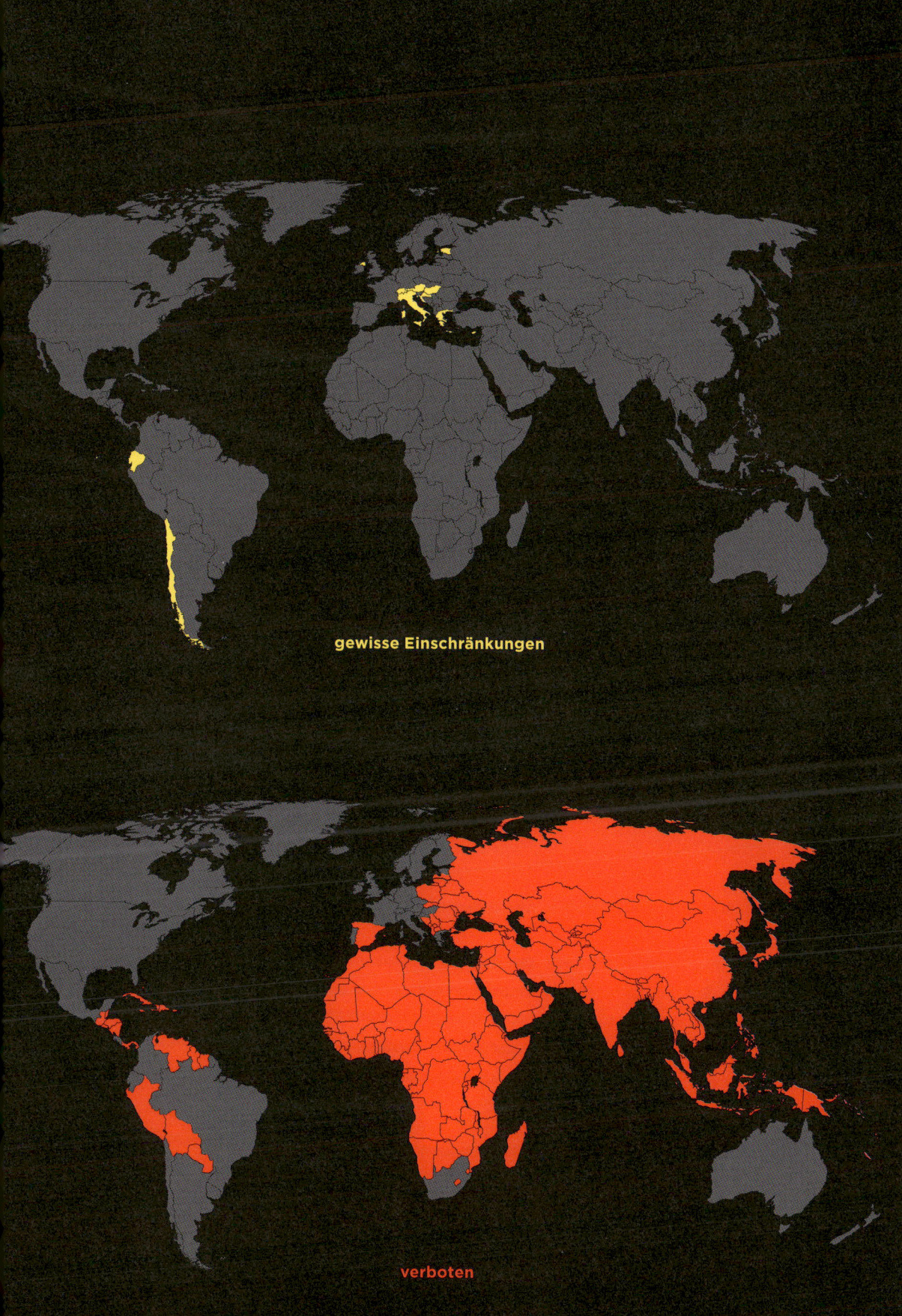

gewisse Einschränkungen

verboten

Seitenwechsler

Einflussreiche deutsche Politiker, die sich
einen Job in der Wirtschaft suchten

03/2016, Peter Friedrich, LM, BW

11/2014, Andreas Storm, LM, SL
09/2014, Andreas Breitner, LM, SH

12/2013, Dirk Niebel, BM
12/2013, Daniel Bahr, BM
12/2013, Volker Schlotmann, LM, MV
09/2013, Eckart von Klaeden, parl. SK
2013, Ronald Pofalla, BM

01/2013, Kurt Beck, MP, RP

11/2011, Georg Fahrenschon, LM, BY
06/2012, Jost de Jager, LM, SH
05/2012, Dieter Posch, LM, HE
03/2012, Roland Wöller, LM, SN
01/2012, Christoph Hartmann, LM, SL

05/2011, Stefan Mappus, MP, BW

08/2010, Axel Gedaschko, LM, HH
08/2010, Roland Koch, MP, HE
08/2010, Silke Lautenschläger, LM, HE
08/2010, Ole von Beust, EB, HH
07/2010, Jürgen Rüttgers, MP, NRW
02/2010, Ralf Nagel, LM, HB

11/2009, Ulrich Junghanns, LM, BB
09/2009, Dieter Althaus, MP, TH

02/2009, Volker Hoff, LM, HE

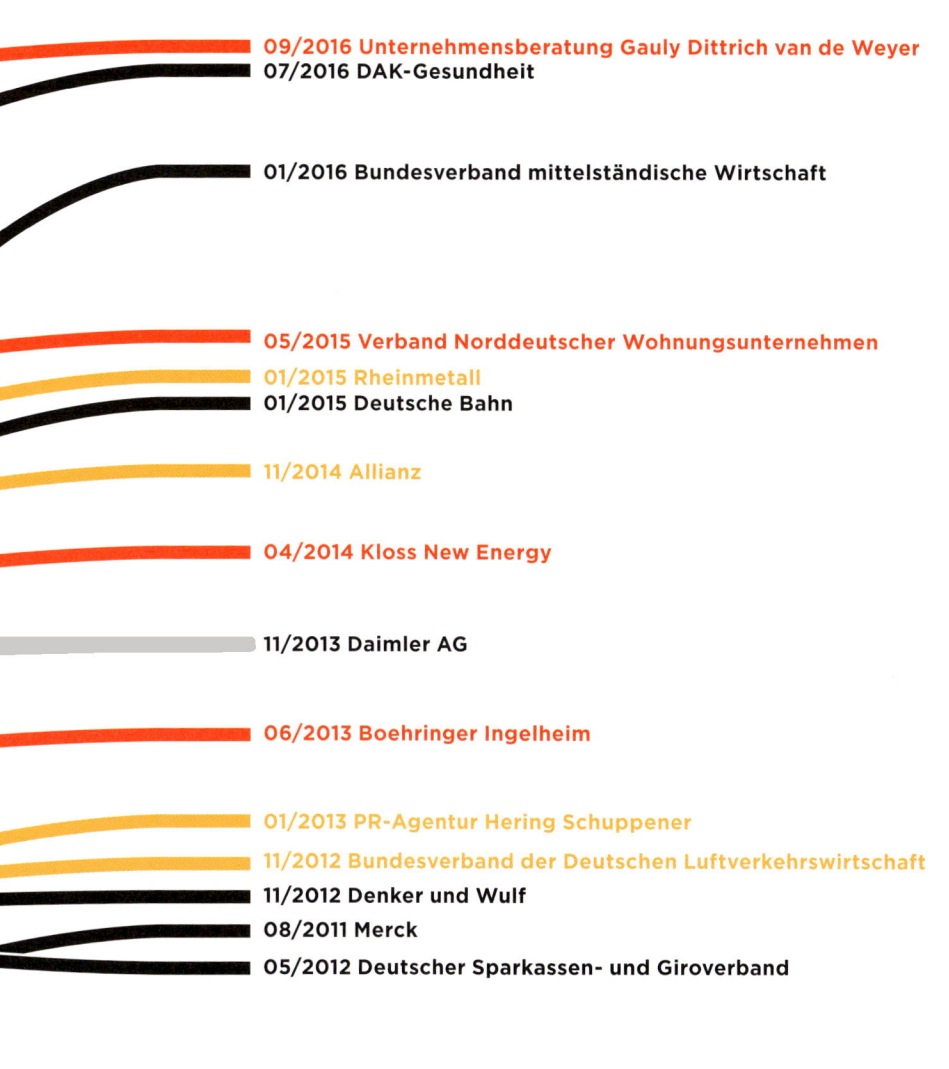

09/2016 Unternehmensberatung Gauly Dittrich van de Weyer
07/2016 DAK-Gesundheit

01/2016 Bundesverband mittelständische Wirtschaft

05/2015 Verband Norddeutscher Wohnungsunternehmen
01/2015 Rheinmetall
01/2015 Deutsche Bahn

11/2014 Allianz

04/2014 Kloss New Energy

11/2013 Daimler AG

06/2013 Boehringer Ingelheim

01/2013 PR-Agentur Hering Schuppener
11/2012 Bundesverband der Deutschen Luftverkehrswirtschaft
11/2012 Denker und Wulf
08/2011 Merck
05/2012 Deutscher Sparkassen- und Giroverband

03/2011 Kanzlei Beiten Burkhardt
02/2011 Bundesverband deutscher Wohnungs- und Immobilienunternehmen
01/2011 DKV Versicherungen
01/2011 UBS

10/2010 Roland Berger
2010 Odersun AG
02/2010 Magna International
02/2010 Verband Deutscher Reeder
02/2010 Opel

CDU	FDP	SPD
BY		Bayern
BB		Brandenburg
BW		Baden-Württemberg
HB		Bremen
HH		Hamburg
HE		Hessen
MV		Mecklenburg-Vorpommern
NRW		Nordrhein-Westfalen
RP		Rheinland-Pfalz
SL		Saarland
SN		Sachsen
SH		Schleswig-Holstein
TH		Thüringen

LM	Landesminister/in	
	(Senator/in in HH, HB)	
BM	Bundesminister/in	
EB	Erster Bürgermeister	
MP	Ministerpräsident	
parl. SK	parlamentarischer Staatssekretär	

Die FIFA-Bande

Wie viele von den 22 Männern, die entschieden haben, dass die nächsten Fußball-Weltmeisterschaften nach Russland und Katar gehen, gelten inzwischen als belastet durch Korruption, Geldwäsche, Annahme von Geschenken und Ähnlichem?

Şenes Erzik
Türkei

Hany Abo Rida
Ägypten

Geoff Thompson
England

Vitali Mutko
Russland

unbelastet

Michel D'Hooghe
Belgien

Ángel María
Villar Llona
Spanien

Jack Warner
Trinidad und
Tobago

Franz Beckenbauer
Deutschland

Julio Grondona
Argentinien

Junji Ogura
Japan

Chung Mong-Joon
Südkorea

Chuck Blazer
USA

Ricardo Teixeira
Brasilien

Worawi Makudi
Thailand

Mohamed
bin Hammam
Katar

Nicolás Leoz
Paraguay

Jacques Anouma
Elfenbeinküste

Rafael Salguero
Guatemala

Marios Lefkaritis
Zypern

Michel Platini
Frankreich

Sepp Blatter
Schweiz

Issa Hayatou
Kamerun

belastet

Die Jagd auf Wale

Eigentlich ist der Walfang seit 30 Jahren verboten. Bis auf „Ausnahmen". Wie viele Tiere wurden seither getötet?

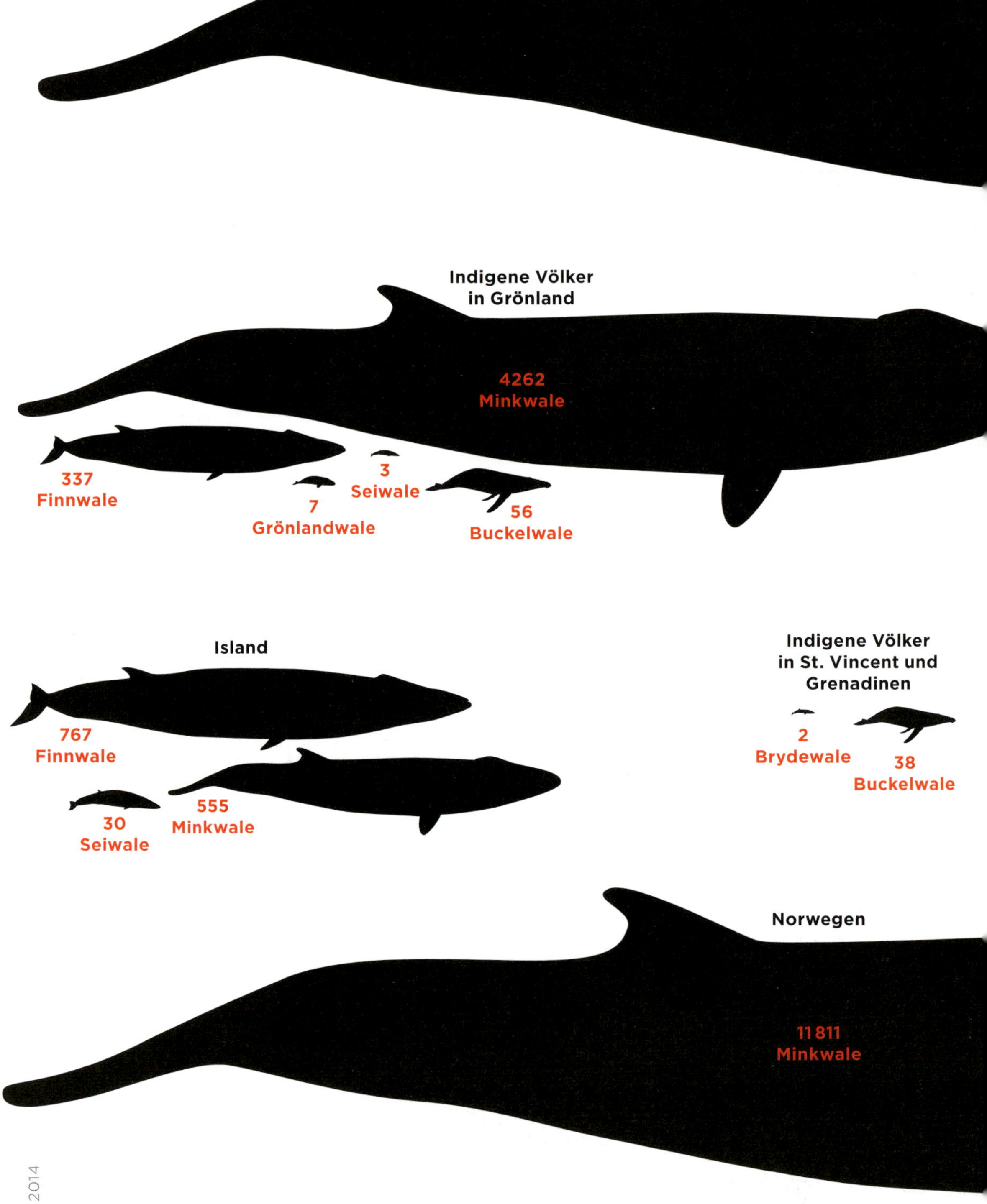

Indigene Völker in Grönland

4262 Minkwale

337 Finnwale

3 Seiwale

7 Grönlandwale

56 Buckelwale

Island

767 Finnwale

30 Seiwale

555 Minkwale

Indigene Völker in St. Vincent und Grenadinen

2 Brydewale

38 Buckelwale

Norwegen

11 811 Minkwale

Stand: 2014

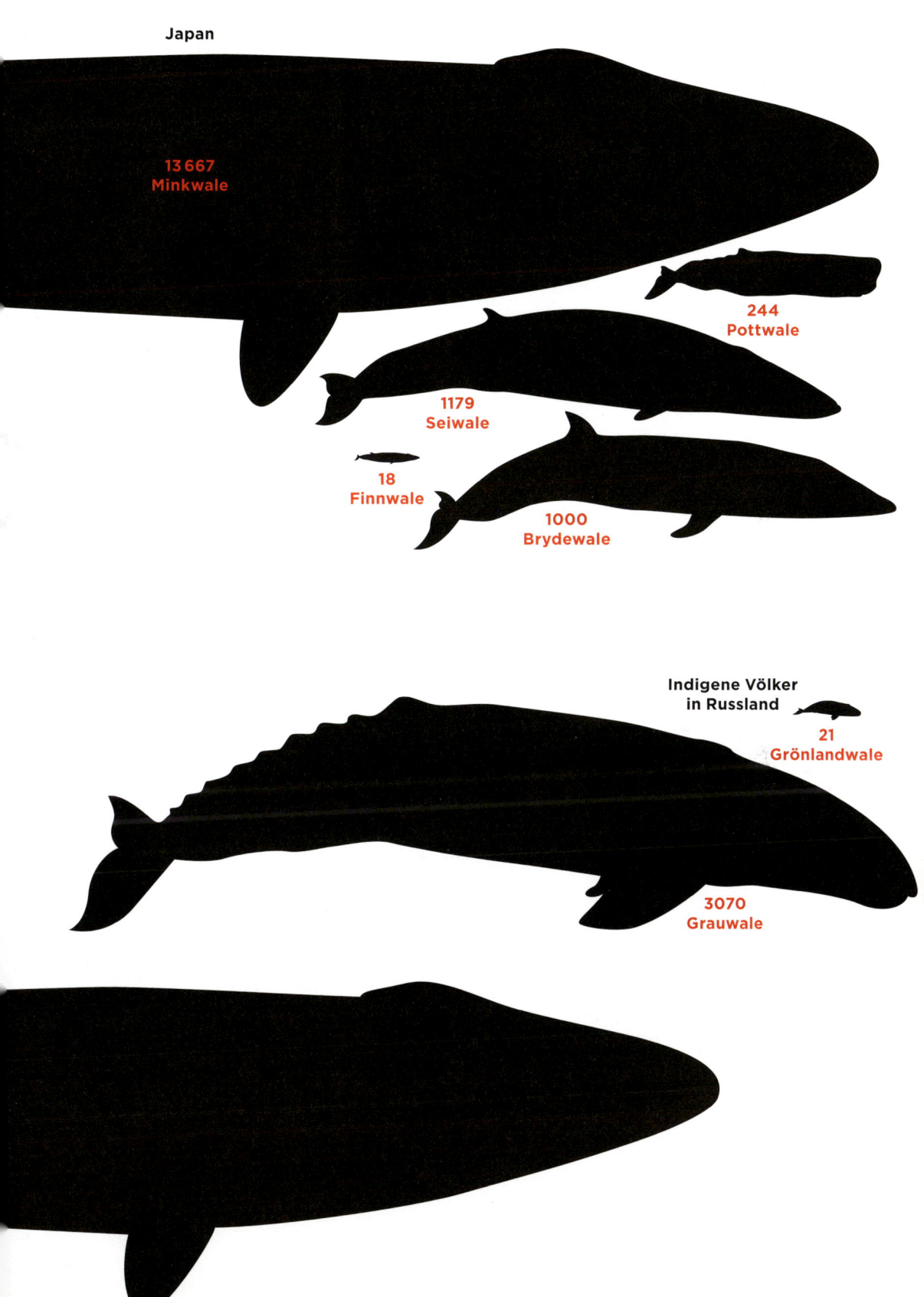

Japan

13 667
Minkwale

244
Pottwale

1179
Seiwale

18
Finnwale

1000
Brydewale

**Indigene Völker
in Russland**

21
Grönlandwale

3070
Grauwale

Warum Milliardäre Milliardäre sind

Woher haben die Superreichen ihr Geld?

Schweden
63,2
31,6
5,2

Großbritannien
6,4
63,8
29,8

Kanada
28,1
65,6
6,3

Frankreich
51,2
44,1
4,7

Spanien
53,8
42,3
3,9

Schweiz
72,7
22,8
4,5

Deutschland
64,7
33
2,3

Italien
37,1
60
2,9

Türkei
45,9
45,8
8,3

Israel
22,2
61,1
16,7

USA
28,9
67,3
3,8

Brasilien
47,7
47,7
4,6

Stand: 2014

Russland
0
36
64

China
2
88,8
9,2

Südkorea
74,1
25,9
0

Japan
18,5
81,5
0

Taiwan
17,9
78,5
3,6

Indien
33,9
55,4
10,7

Hongkong
33,3
64,5
2,2

Singapur
37,5
50
12,5

Indonesien
10,5
63,2
26,3

Australien
27,6
65,5
6,9

Je größer der Kreis, umso mehr Milliardäre gibt es.
Anteile in Prozent

sind Erben
erworben in der Wirtschaft und im Finanzgeschäft
stammen aus dem politischen Sektor

Berücksichtigt sind alle Länder, die mindestens ein Prozent aller Milliardäre weltweit beheimaten.

Zivile Todesopfer in Syrien

**Opfer der russischen Luftangriffe verglichen mit den Opfern
der Luftangriffe der von den USA angeführten Koalition**

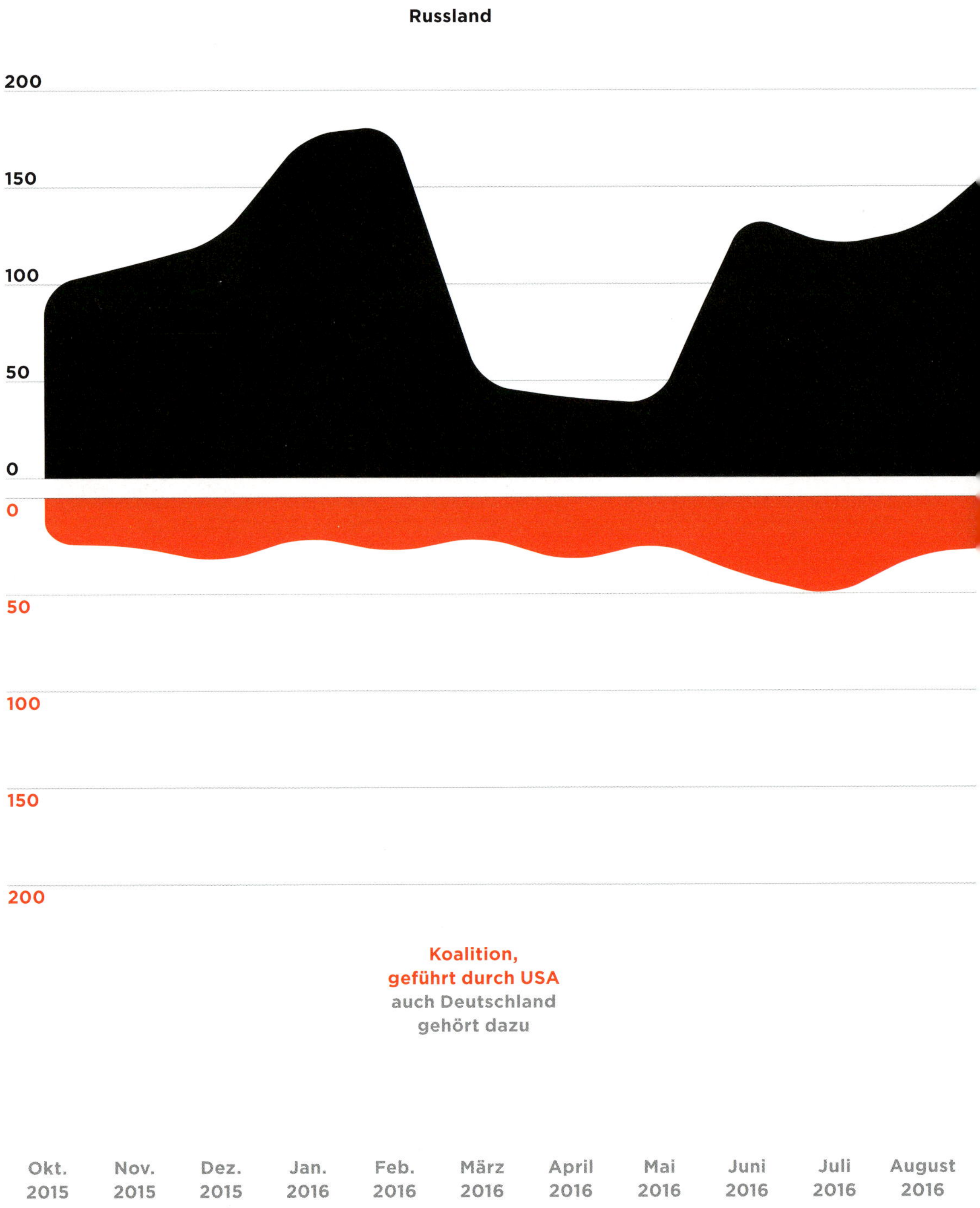

Russland

200

150

100

50

0

0

50

100

150

200

**Koalition,
geführt durch USA**
auch Deutschland
gehört dazu

Okt.	Nov.	Dez.	Jan.	Feb.	März	April	Mai	Juni	Juli	August
2015	2015	2015	2016	2016	2016	2016	2016	2016	2016	2016

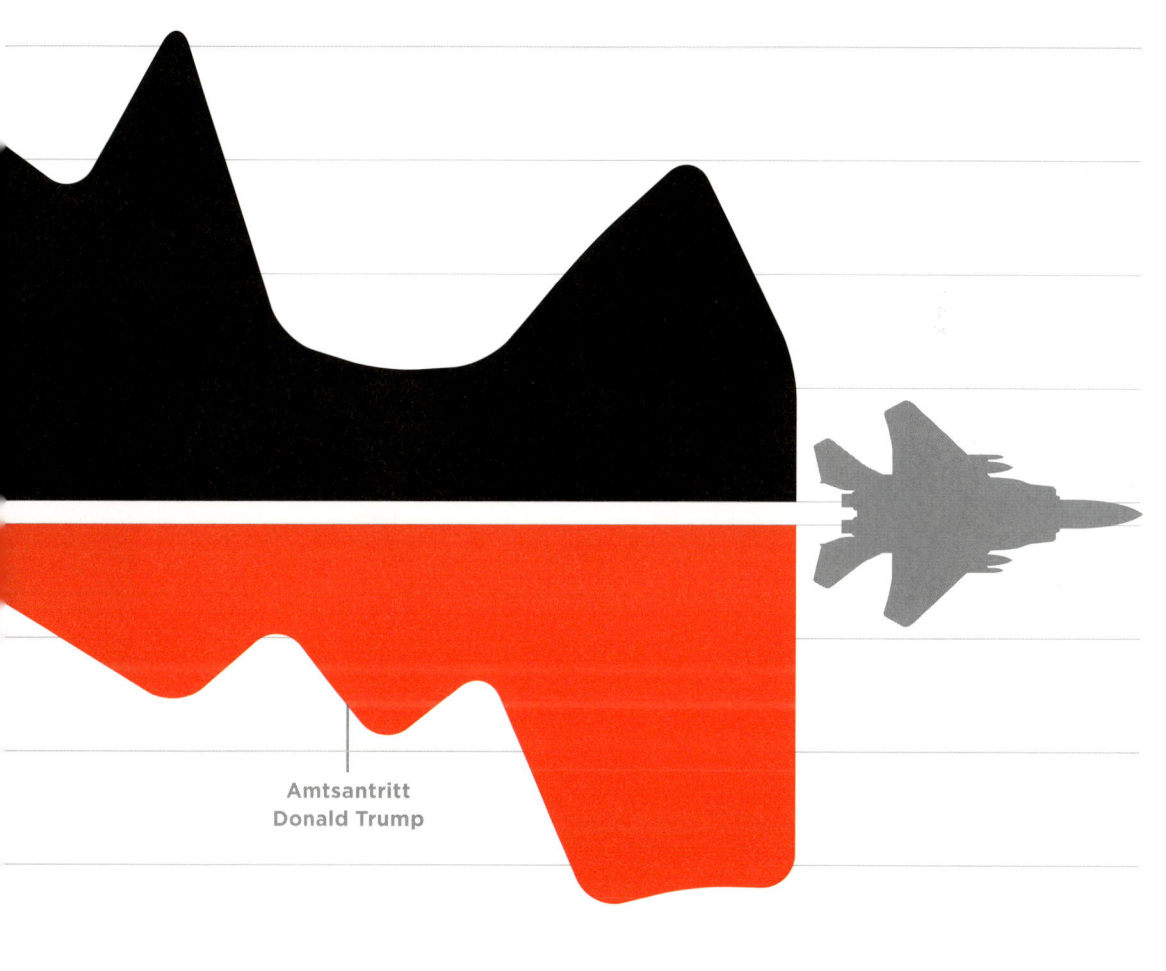

Amtsantritt
Donald Trump

Oktober 2016 Nov. 2016 Dez. 2016 Jan. 2017 Feb. 2017 März 2017 April 2017 Mai 2017

Stand: 2013

Von 100 Kindern aus Akademikerfamilien studieren 77.

Von 100 Kindern aus Facharbeiterfamilien sind es hingegen nur 23.

Hoch, höher, am höchsten

Die zehn Unternehmen, die in den USA
die höchsten Geldbußen wegen diverser
Fehlverhalten zahlen mussten

Stand: 2017

Volkswagen
19 225 193 500

BP
31 561 621 554

Goldman Sachs
9 311 300 000

Credit Suisse
8 580 515 000

Citigroup
15 518 046 942

Strafgebühren seit 2010 in US-Dollar

Deutsche Bank
11 780 134 403

Bank of America
56 706 064 511

JPMorgan Chase
28 675 456 874

BNP Paribas
9 113 604 750

Wells Fargo
11 091 660 825

Pressefreiheit, eine Seltenheit

Pressefreiheit — **gute Lage**

Pressefreiheit — **zufriedenstellende Lage**

Pressefreiheit — **erkennbare Probleme**

Pressefreiheit — **schwierige Lage**

Pressefreiheit — **sehr ernste Lage**

Stand: 2016

po f, electro re ves
in particular ndin
also unacceptable. vate-s
a duty to support them in the
e granted free access to all nation
nts. Censorship is impermissible. Indepe
be threatened, restricted or made subject to
states must ensure that the media have the full
lihood of the media must not be endangered b
State or state-controlled institutions shall not hin
urnalists should be provided with visas, accredi
phold and protect it, and to respect its diversit
ct to state licen The right of journalists a
with the ying sources of inf
se rights must
ournalistic c
s and i

Die 20 größten Steueroasen

**Welche Länder sind für Geldwäsche,
Steuerhinterziehung und Steuervermeidung
am attraktivsten?**

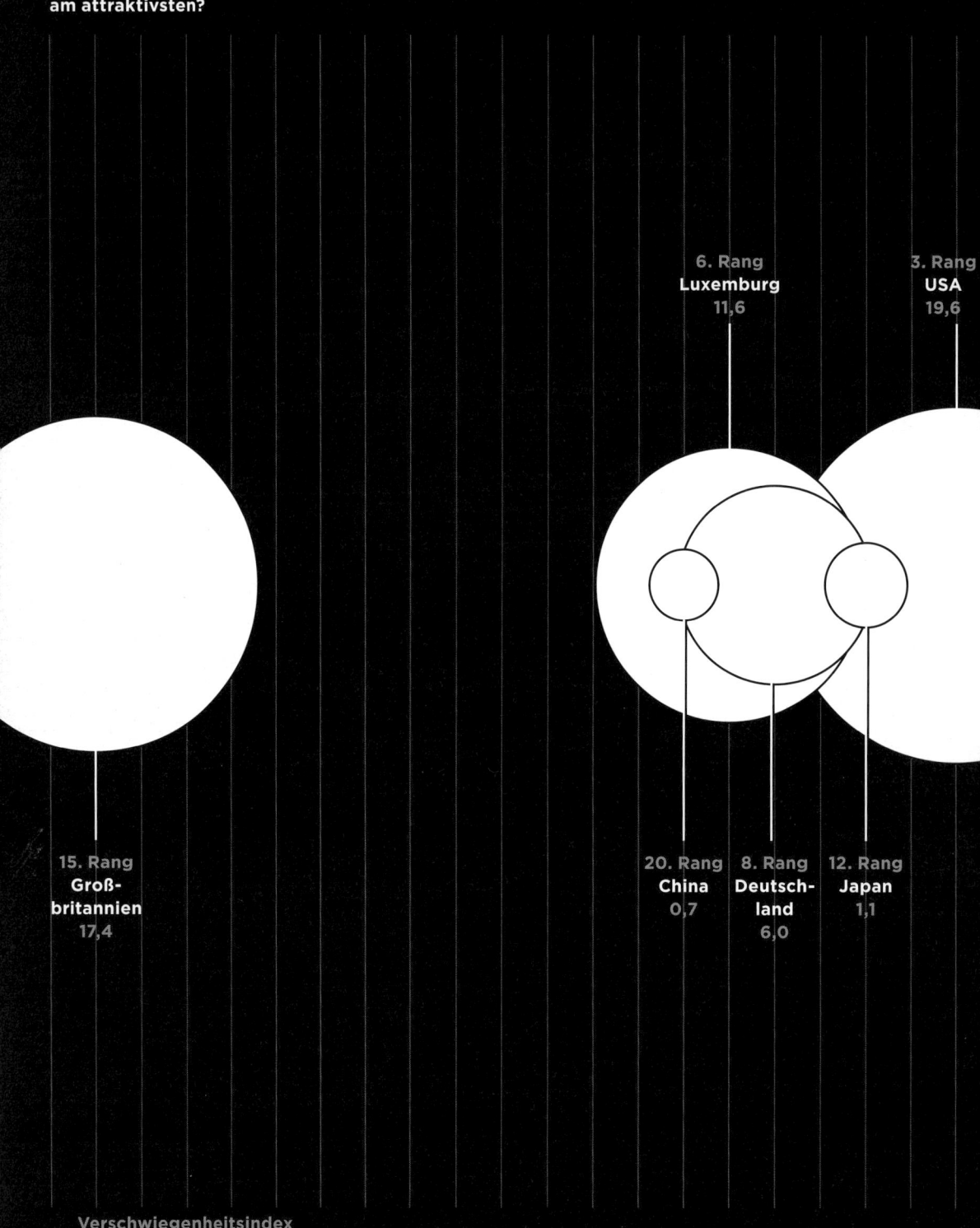

6. Rang
Luxemburg
11,6

3. Rang
USA
19,6

15. Rang
**Groß-
britannien**
17,4

20. Rang
China
0,7

8. Rang
**Deutsch-
land**
6,0

12. Rang
Japan
1,1

Verschwiegenheitsindex
(je höher, desto verschwiegener)

40   42   44   46   48   50   52   54   56   58   60

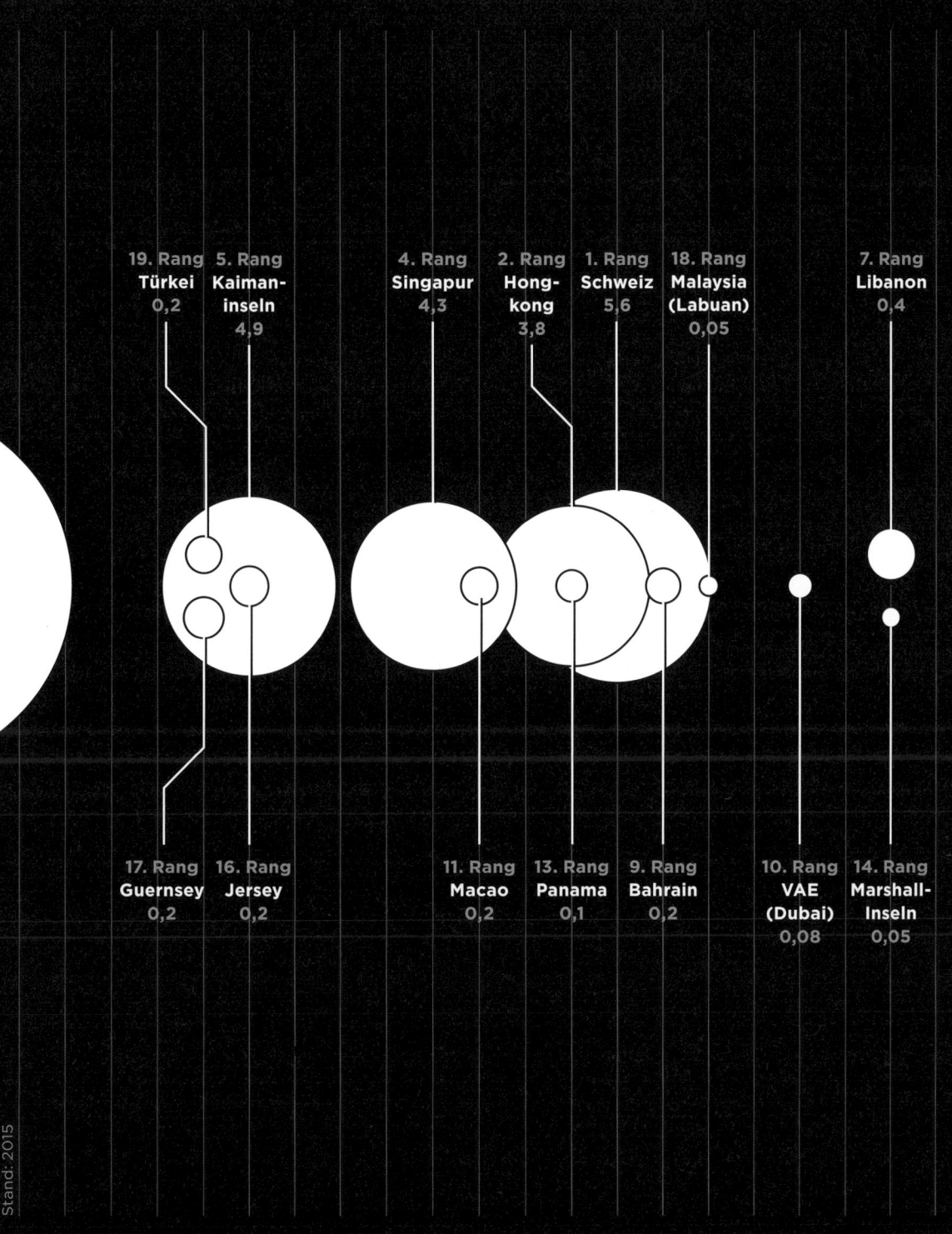

Das Tax Justice Network bewertet, wie viel Geld geschützt vor Steuerbelastung eingelagert ist (Kreisgrößen) und wie verschwiegen die Bankgesetze sind (Skalenwert) – und kürt durch diese beiden Werte die 20 attraktivsten Steueroasen. Der Global Scale Weight (Zahl unter Land) gibt den prozentualen Anteil am Weltmarkt der Steueroasen an.

19. Rang
Türkei
0,2

5. Rang
Kaiman-
inseln
4,9

4. Rang
Singapur
4,3

2. Rang
Hong-
kong
3,8

1. Rang
Schweiz
5,6

18. Rang
Malaysia
(Labuan)
0,05

7. Rang
Libanon
0,4

17. Rang
Guernsey
0,2

16. Rang
Jersey
0,2

11. Rang
Macao
0,2

13. Rang
Panama
0,1

9. Rang
Bahrain
0,2

10. Rang
VAE
(Dubai)
0,08

14. Rang
Marshall-
Inseln
0,05

Stand: 2015

62   64   66   68   70   72   74   76   78   80

Das Alter der Reaktoren

**Wie viele der weltweit 449 Atomkraftwerke
sind 30 Jahre und älter?**

**291 Atomkraftwerke
sind älter als 30 Jahre**

**158 Atomkraftwerke
sind jünger als 30 Jahre**

Stand: 2017

Vergewaltigungen in Deutschland

Von 1000 Taten werden 56 angezeigt.
Dabei kommt es in 4 Fällen zu einer Verurteilung des Vergewaltigers.

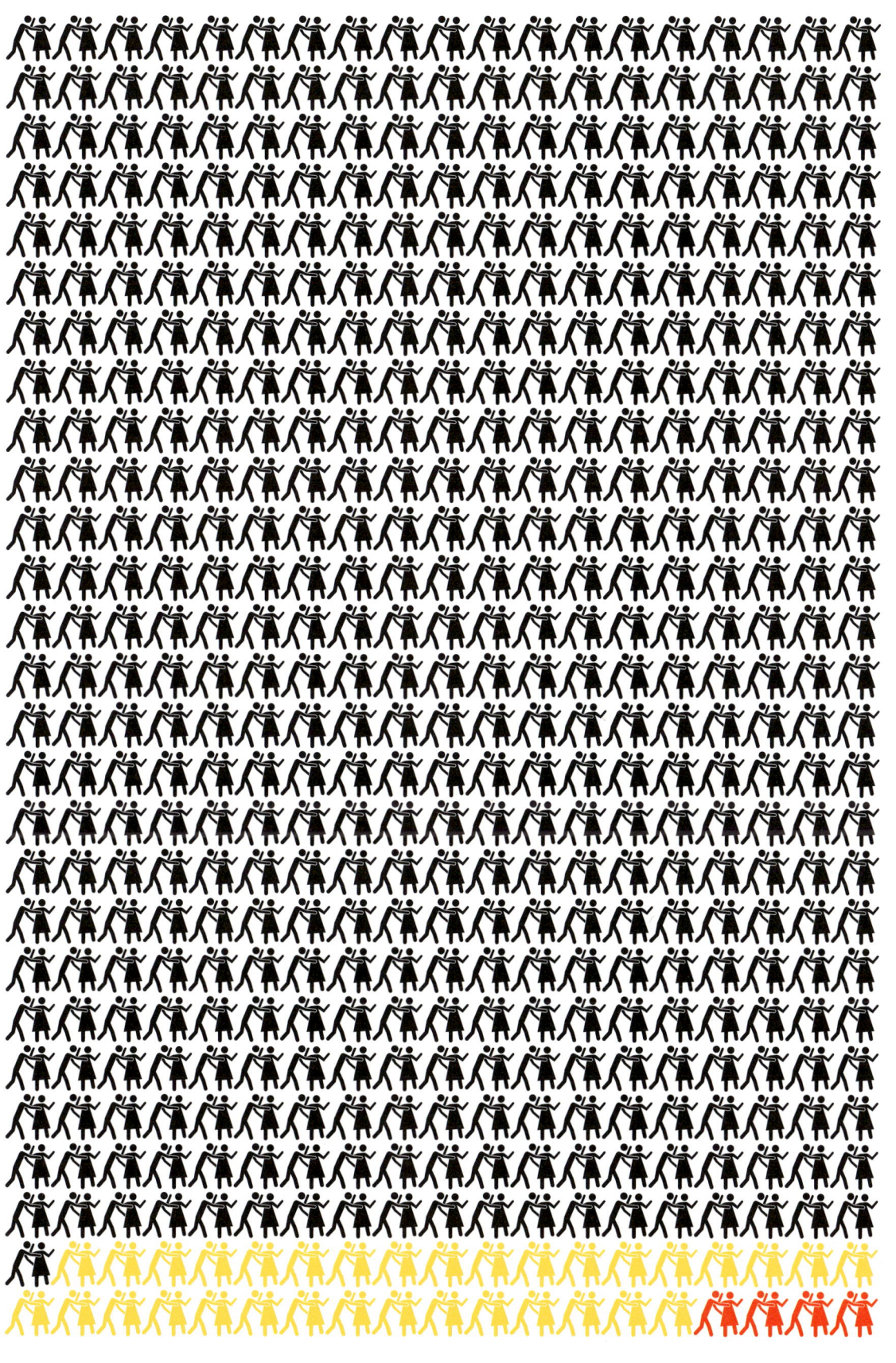

Hinter Gittern

Wie viele von 100 000 Einwohnern sind im Gefängnis?

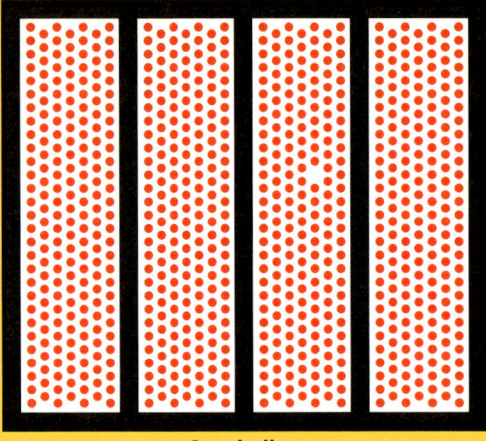

Seychellen
799

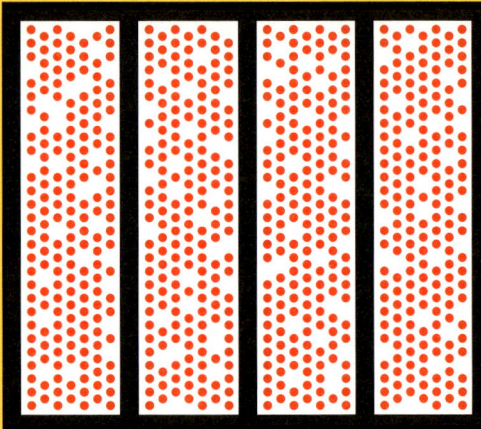

USA
693

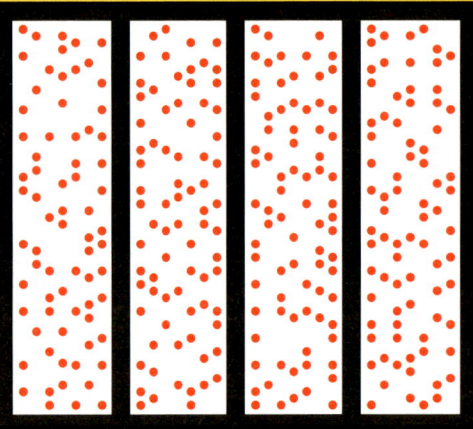

Brasilien
307

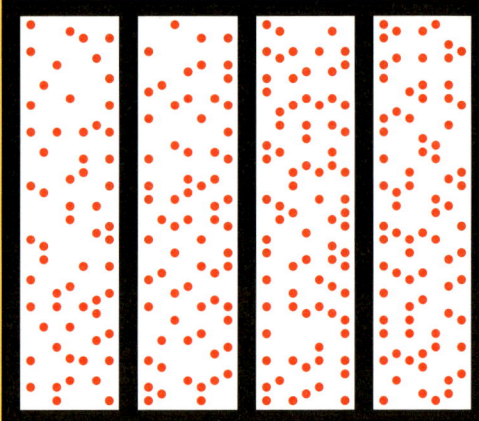

Iran
287

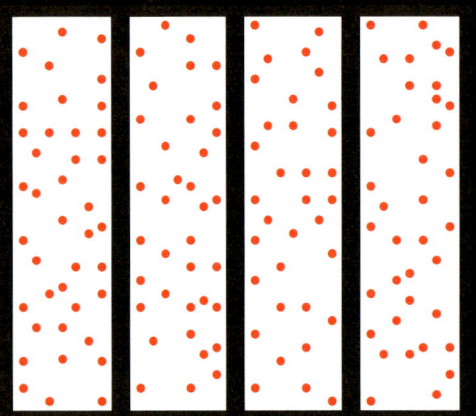

Großbritannien
147

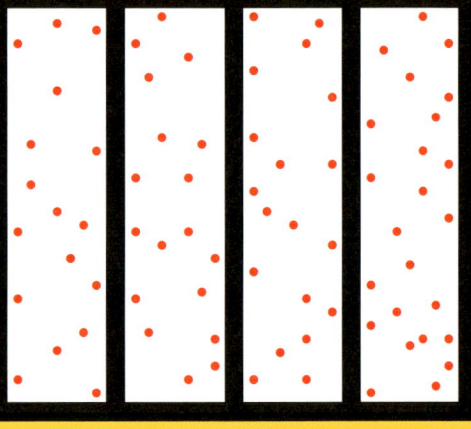

Deutschland
78

Stand: Februar 2017

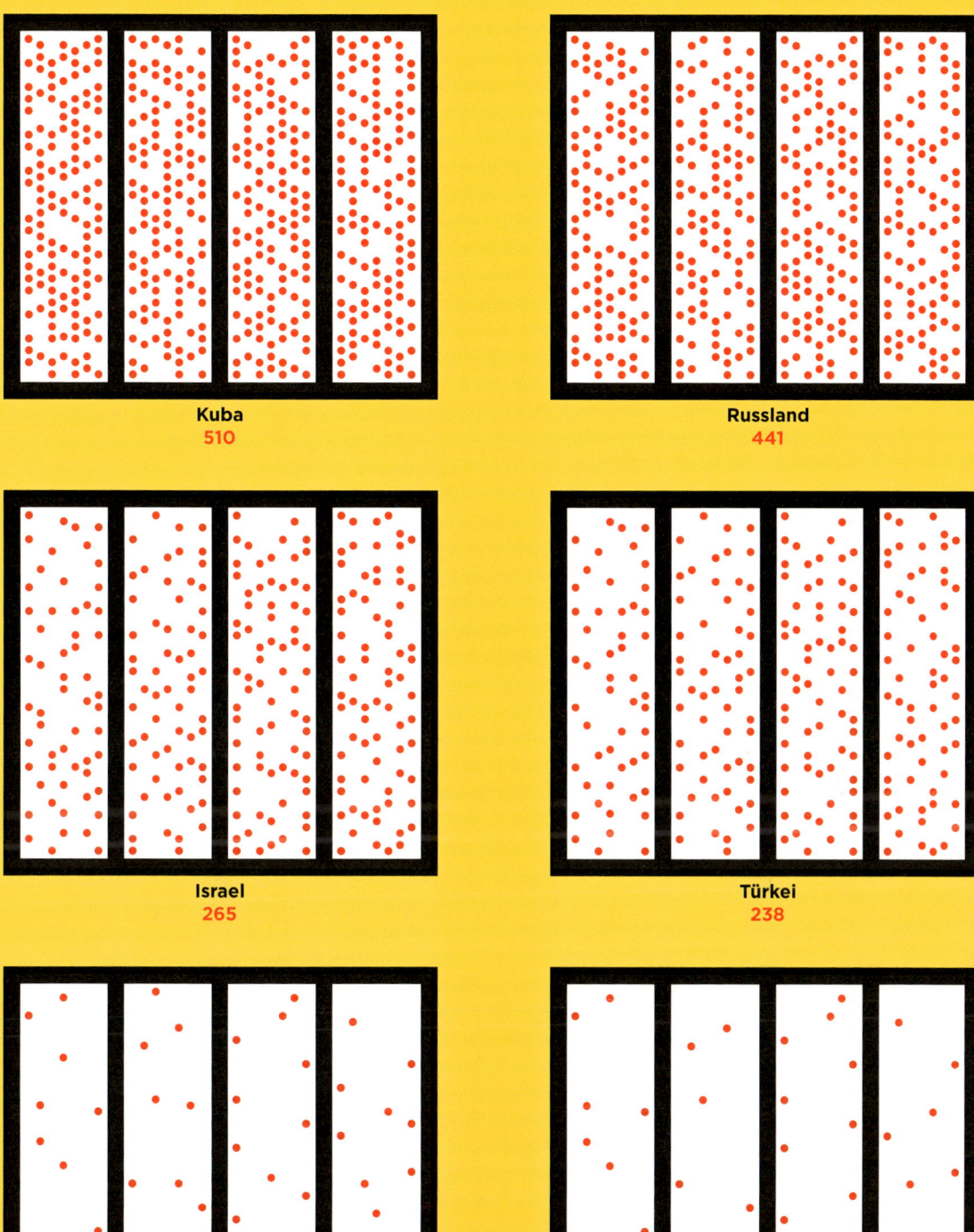

Kuba
510

Russland
441

Israel
265

Türkei
238

Japan
47

Island
37

Schlagen erlaubt

In allen Ländern, die hier rot sind, ist es Eltern erlaubt, ihr Kind durch Prügel zu bestrafen.

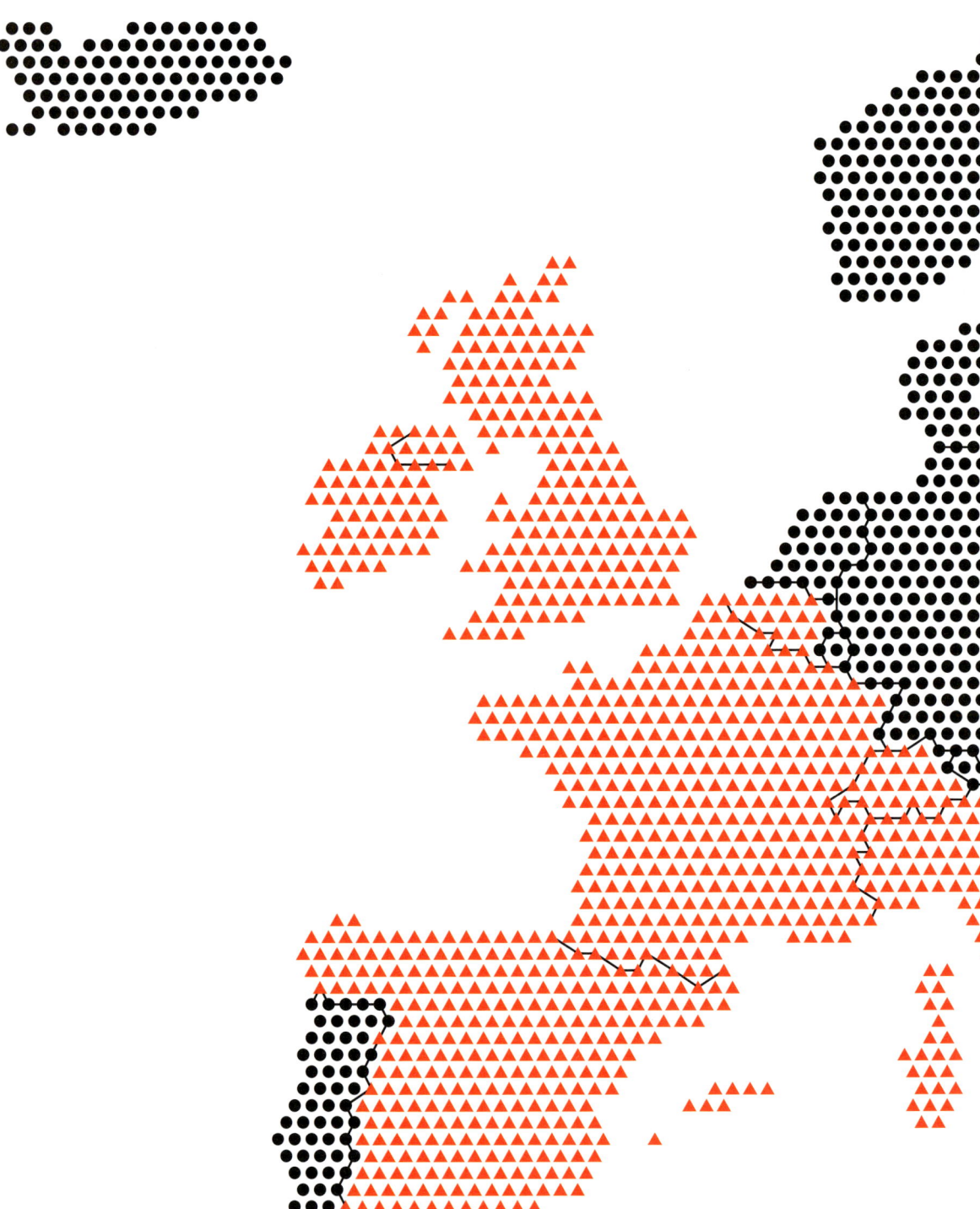

Kaffeebecher

Coffee-to-go-Becher sind nur schwer zu recyceln.
Alleine in Deutschland werden täglich im Schnitt
7 671 233 Becher weggeworfen.

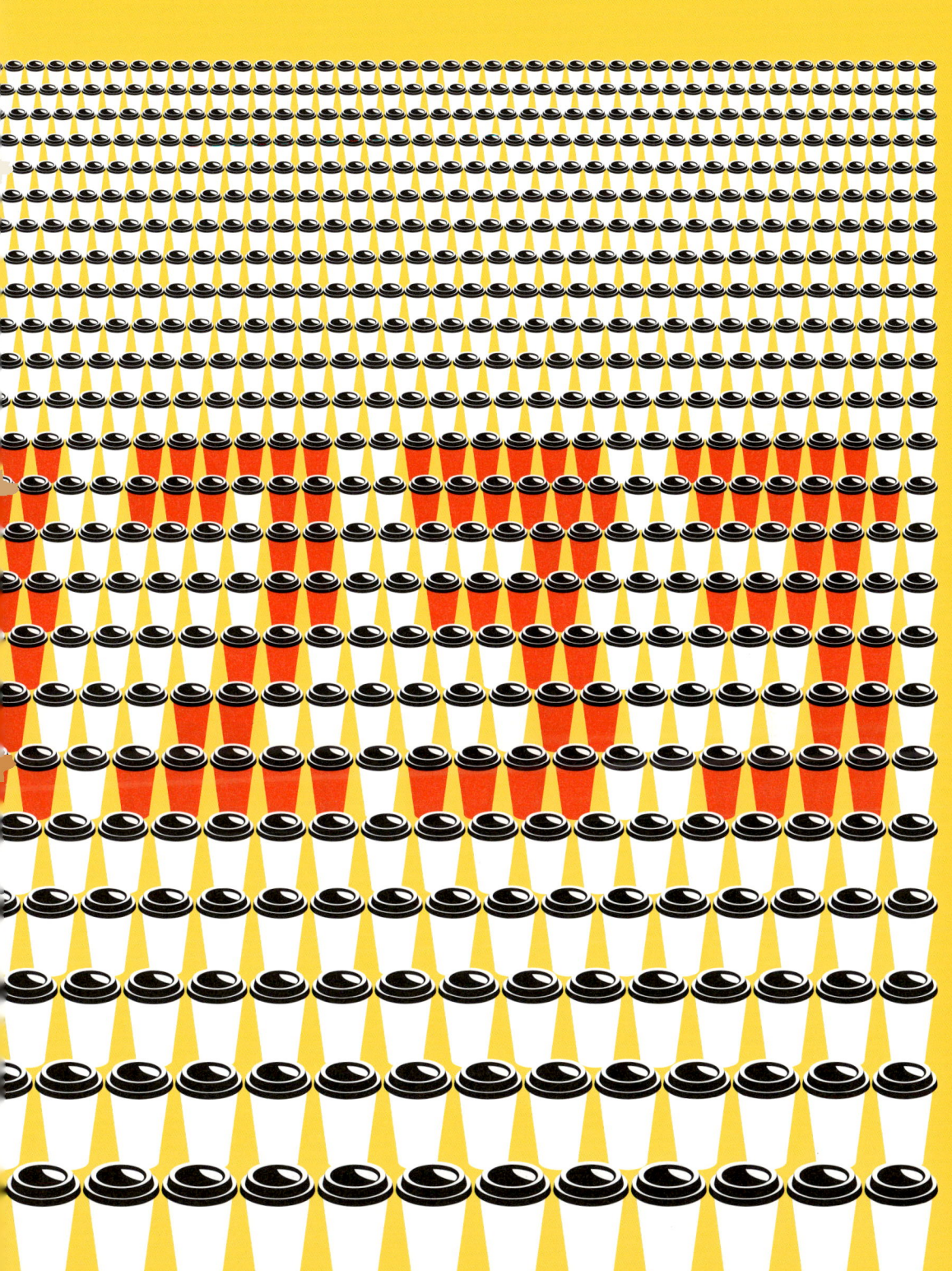

Gelungene Integration?

Wie viele Männer oder Frauen mit türkischen Wurzeln haben es in der deutschen Wirtschaft ganz nach oben geschafft – in den Vorstand eines der 30 größten DAX-Unternehmen?

Adidas

Allianz

BASF

BMW

Commerzbank

Deutsche Bank

Deutsche Börse

Deutsche Post

Fresenius Medical Care

Fresenius SE

HeidelbergCement
Hakan Gurdal

Lufthansa

Merck

Munich RE

SAP

Siemens

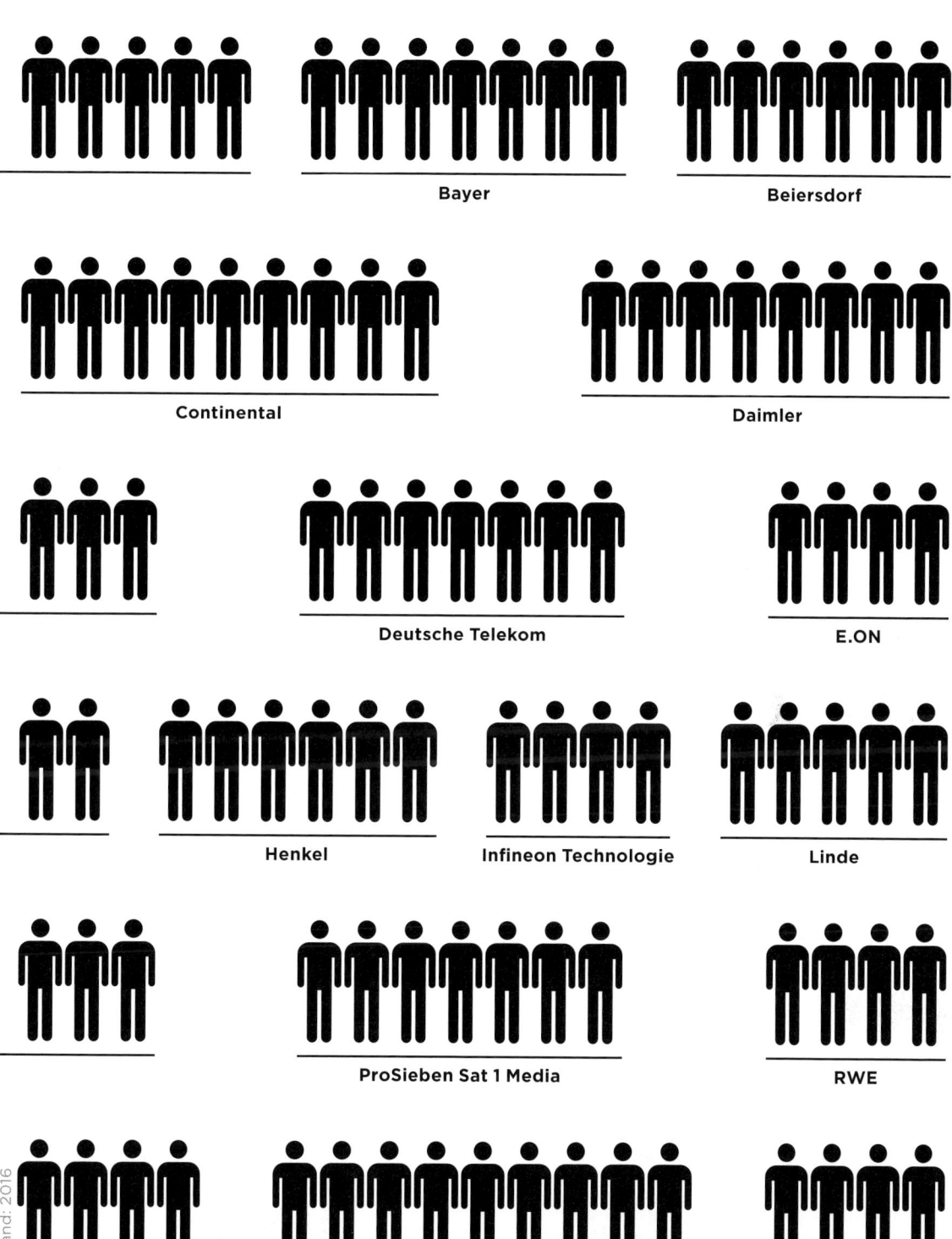

Bayer

Beiersdorf

Continental

Daimler

Deutsche Telekom

E.ON

Henkel

Infineon Technologie

Linde

ProSieben Sat 1 Media

RWE

ThyssenKrupp

Volkswagen

Vonovia

Wahre Brennpunkte

Aus welchen Gegenden der Welt zeigte die ARD „Brennpunkte" – und wo brannte es wirklich?

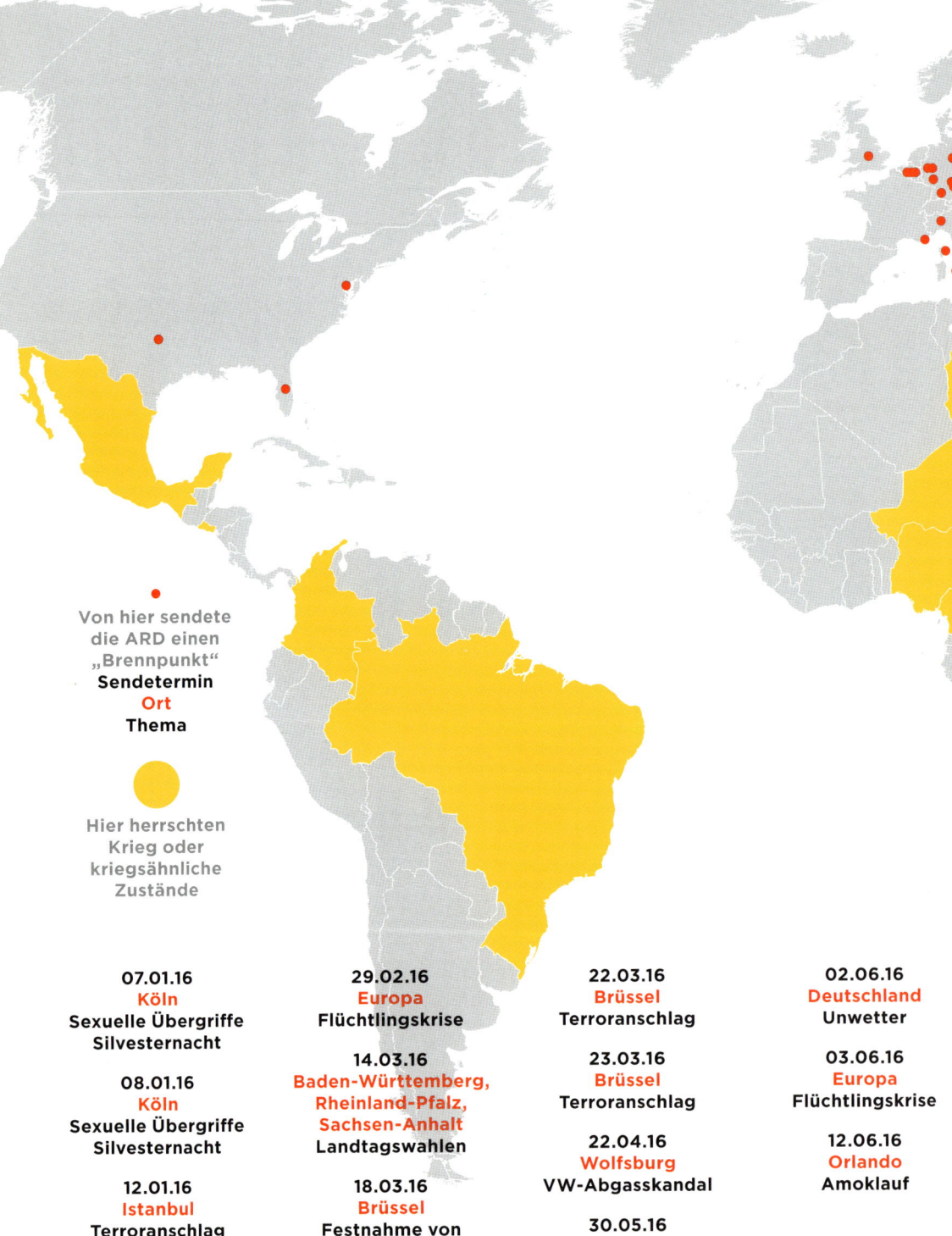

Von hier sendete
die ARD einen
„Brennpunkt"
Sendetermin
Ort
Thema

Hier herrschten
Krieg oder
kriegsähnliche
Zustände

07.01.16
Köln
Sexuelle Übergriffe
Silvesternacht

08.01.16
Köln
Sexuelle Übergriffe
Silvesternacht

12.01.16
Istanbul
Terroranschlag

09.02.16
Bad Aibling
Eisenbahnunfall

29.02.16
Europa
Flüchtlingskrise

14.03.16
**Baden-Württemberg,
Rheinland-Pfalz,
Sachsen-Anhalt**
Landtagswahlen

18.03.16
Brüssel
Festnahme von
Salah Abdeslam

22.03.16
Brüssel
Terroranschlag

23.03.16
Brüssel
Terroranschlag

22.04.16
Wolfsburg
VW-Abgasskandal

30.05.16
Deutschland
Unwetter

02.06.16
Deutschland
Unwetter

03.06.16
Europa
Flüchtlingskrise

12.06.16
Orlando
Amoklauf

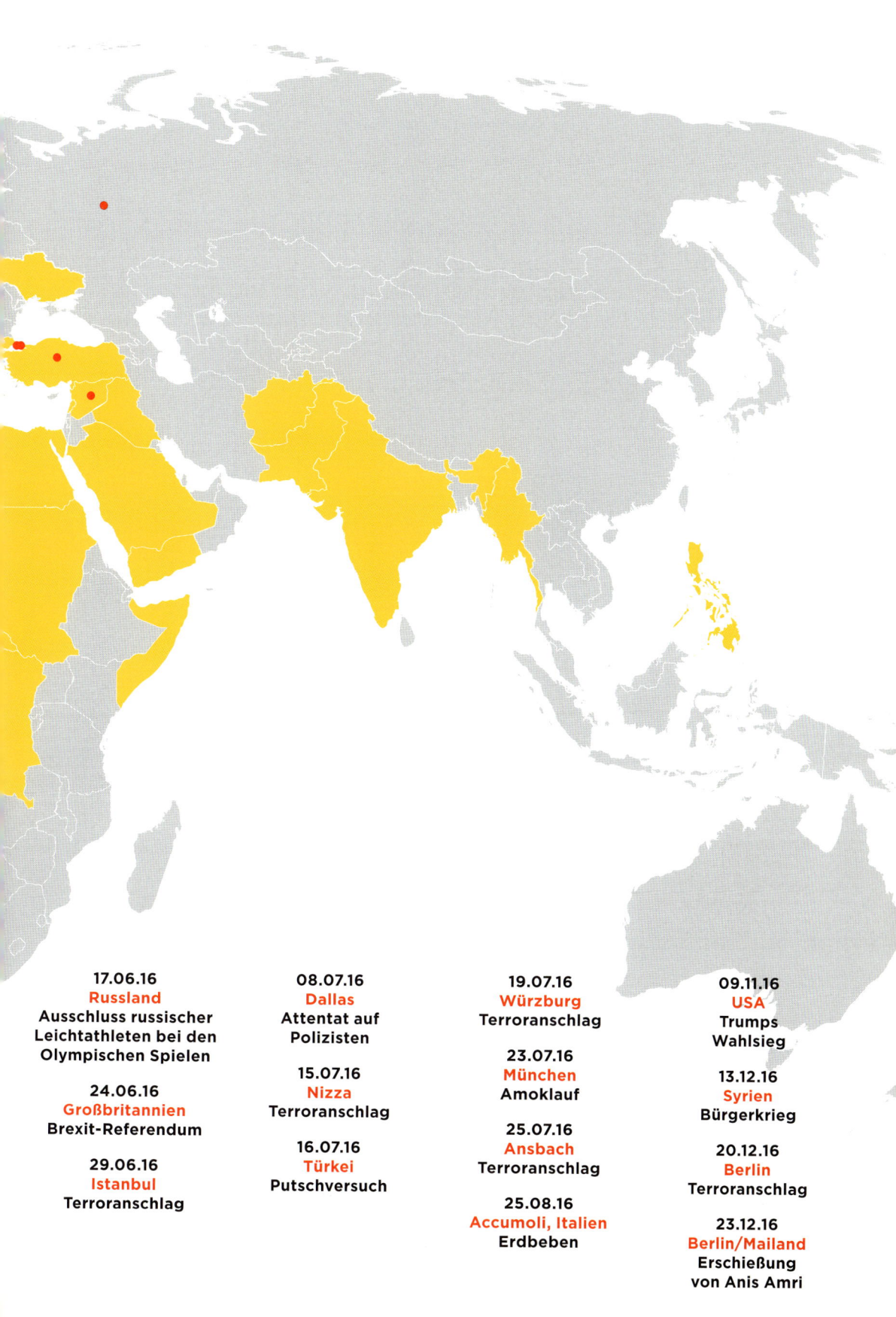

17.06.16
Russland
Ausschluss russischer
Leichtathleten bei den
Olympischen Spielen

24.06.16
Großbritannien
Brexit-Referendum

29.06.16
Istanbul
Terroranschlag

08.07.16
Dallas
Attentat auf
Polizisten

15.07.16
Nizza
Terroranschlag

16.07.16
Türkei
Putschversuch

19.07.16
Würzburg
Terroranschlag

23.07.16
München
Amoklauf

25.07.16
Ansbach
Terroranschlag

25.08.16
Accumoli, Italien
Erdbeben

09.11.16
USA
Trumps
Wahlsieg

13.12.16
Syrien
Bürgerkrieg

20.12.16
Berlin
Terroranschlag

23.12.16
Berlin/Mailand
Erschießung
von Anis Amri

Auf der Todesliste

Anzahl der bekannten Tierarten
davon vom Aussterben bedroht in Prozent

Vögel: 11121
13

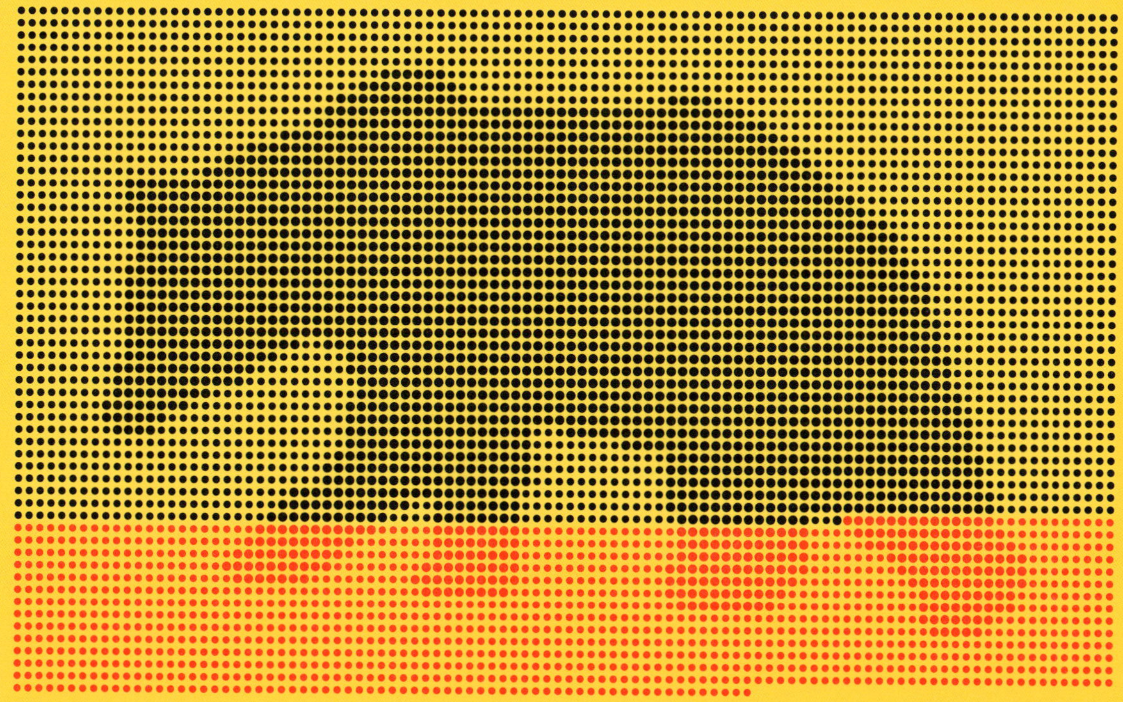

Säugetiere: 5567
25

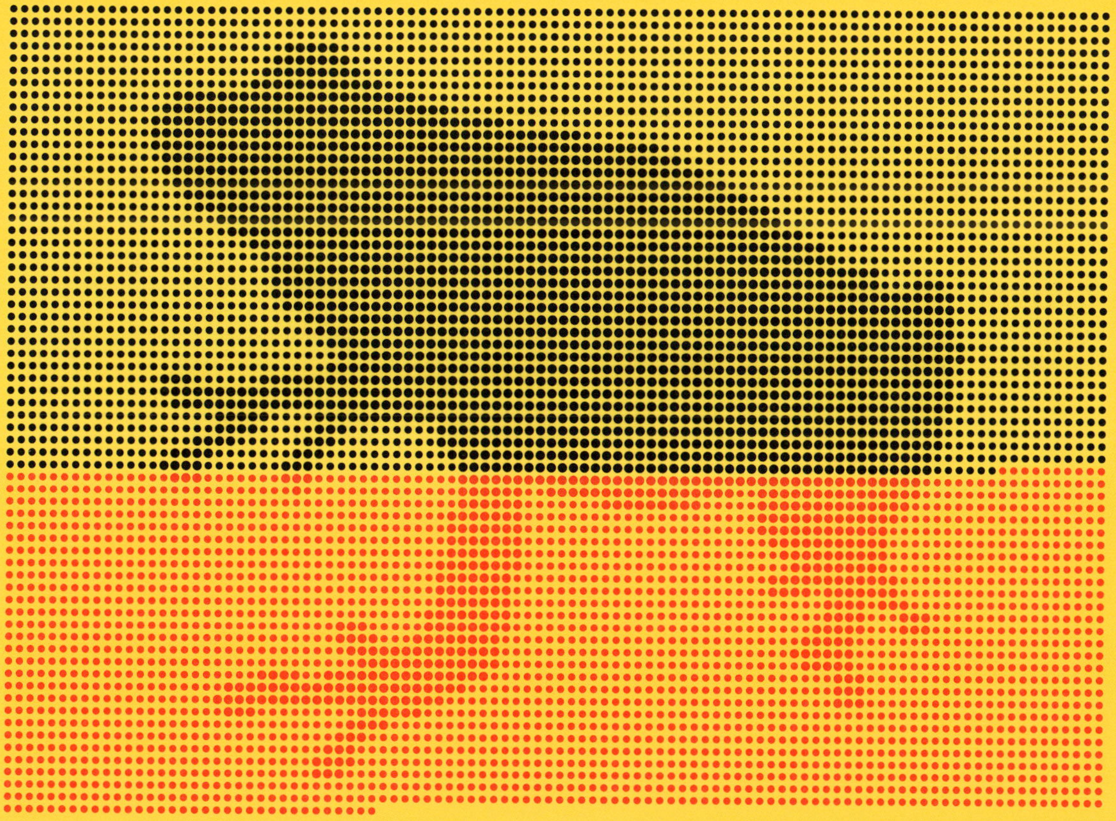

Amphibien: 6534
42

Glück für Deutsche, Pech für Afghanen

In wie viele Staaten darf man ohne Visum einreisen, wenn man einen Pass des genannten Landes besitzt?

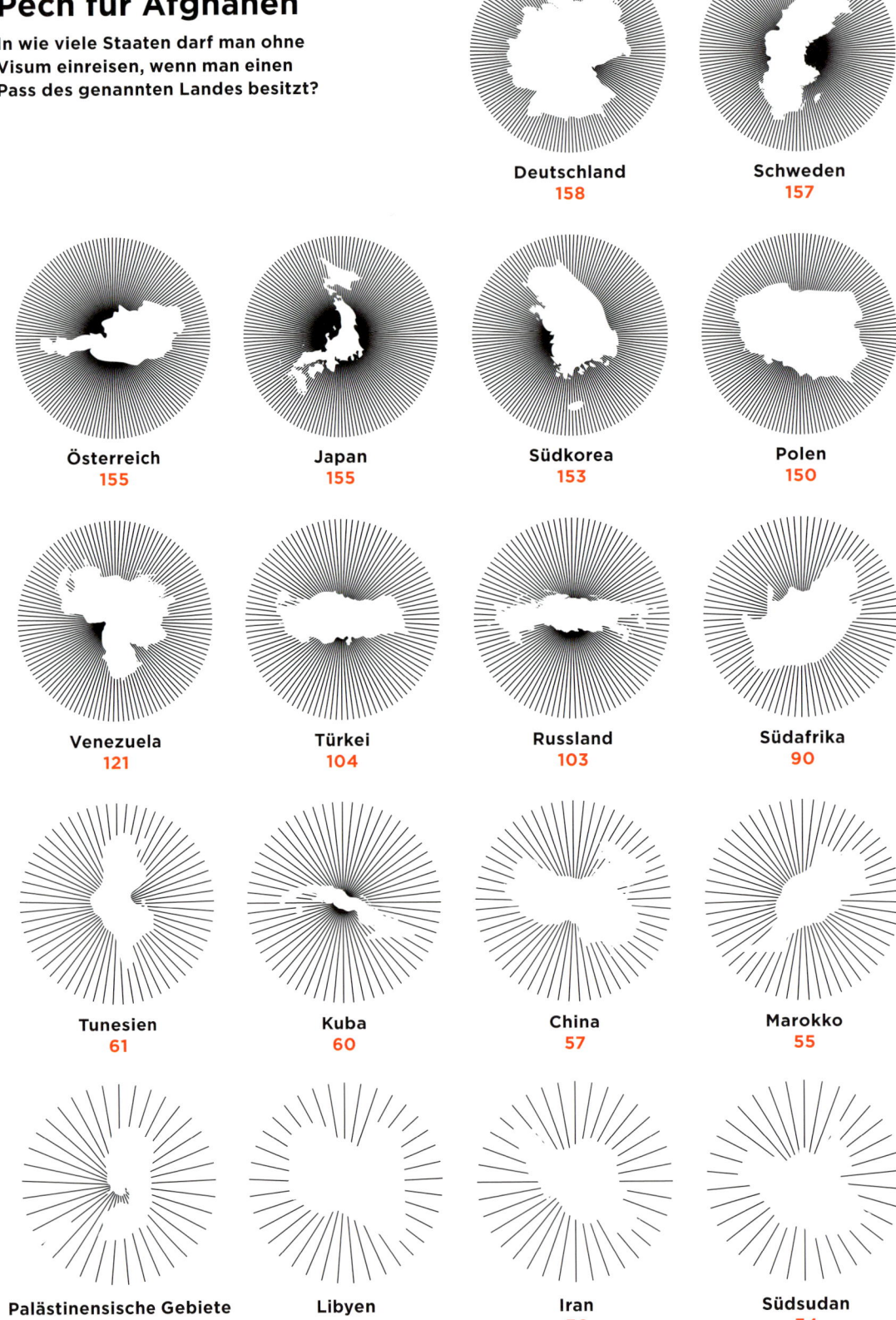

Deutschland
158

Schweden
157

Österreich
155

Japan
155

Südkorea
153

Polen
150

Venezuela
121

Türkei
104

Russland
103

Südafrika
90

Tunesien
61

Kuba
60

China
57

Marokko
55

Palästinensische Gebiete
37

Libyen
37

Iran
36

Südsudan
34

Stand: Februar 2017

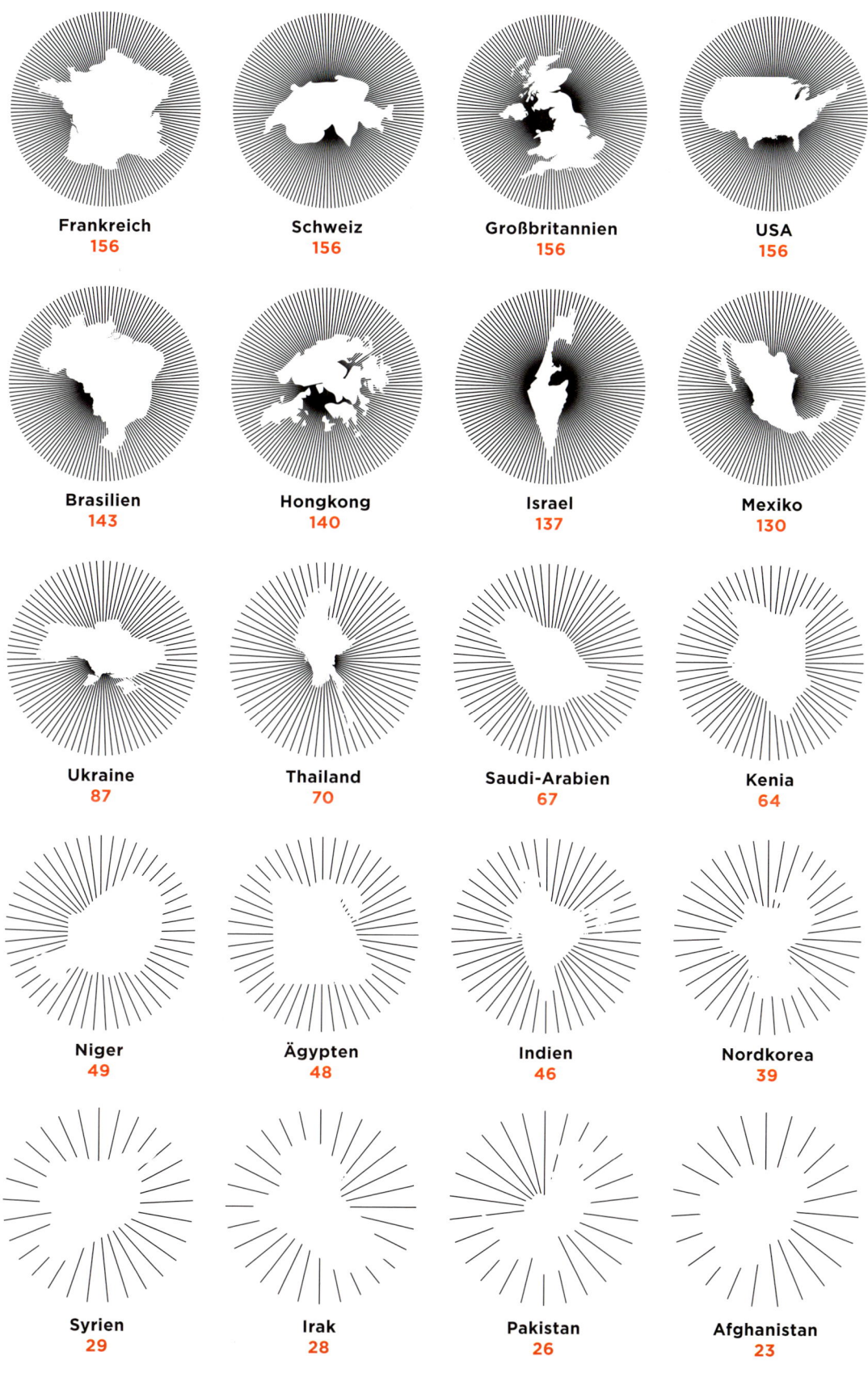

Frankreich
156

Schweiz
156

Großbritannien
156

USA
156

Brasilien
143

Hongkong
140

Israel
137

Mexiko
130

Ukraine
87

Thailand
70

Saudi-Arabien
67

Kenia
64

Niger
49

Ägypten
48

Indien
46

Nordkorea
39

Syrien
29

Irak
28

Pakistan
26

Afghanistan
23

100 000

Herr Christoph Alexander Kahl

100 000

Joh. Berenberg, Gossler & Co. KG

150 000

Südwestmetall*

90 000

Evonik Industries AG

60000

Dr. Arend Oetker

50001

Frau Susanne Klatten

100 000

Daimler AG

150 000

Herr Andreas Lapp

75 000

Trumpf GmbH + Co. KG

110 000

Südwestmetall*

100 000

Herr Hans-Joachim Langmann

350 000

200 000

100 000

50001

Frau Dr. Marianne Zubrzycki-Lederhausen

Herr Dr. Stefan Quandt

Verband der Bayerischen Metall- und Elektro-Industrie e. V.

Firma R & W Industrie-beteiligungen GmbH

AfD
100 000

CDU
1 025 002

CSU
350 000

FDP
310 000

Spender im Hintergrund

Wer gab 2016 wie viel für welche Parteien?

Angabe in Euro
(nur Spenden über 50 000 erfasst)

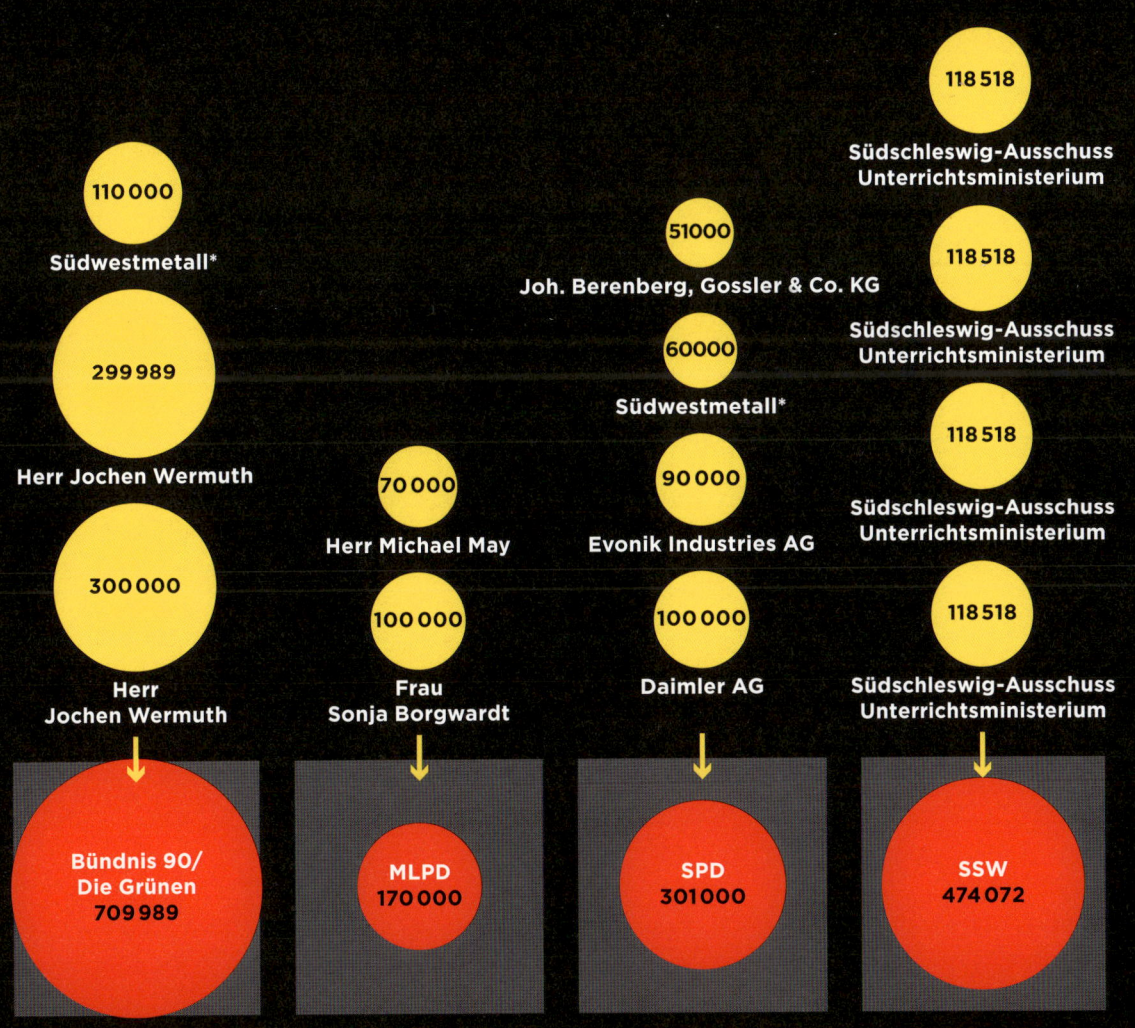

118 518

Südschleswig-Ausschuss
Unterrichtsministerium

110 000

Südwestmetall*

51 000

Joh. Berenberg, Gossler & Co. KG

118 518

Südschleswig-Ausschuss
Unterrichtsministerium

299 989

Herr Jochen Wermuth

60 000

Südwestmetall*

118 518

Südschleswig-Ausschuss
Unterrichtsministerium

70 000

Herr Michael May

90 000

Evonik Industries AG

118 518

Südschleswig-Ausschuss
Unterrichtsministerium

300 000

Herr
Jochen Wermuth

100 000

Frau
Sonja Borgwardt

100 000

Daimler AG

118 518

Südschleswig-Ausschuss
Unterrichtsministerium

**Bündnis 90/
Die Grünen
709 989**

**MLPD
170 000**

**SPD
301 000**

**SSW
474 072**

Grammy

In welchen Jahren wurden Schwarze für das
beste Album des Jahres ausgezeichnet?

	1959——
	1960——
	1961——
	1962——
	1963——
	1964——
	1965——
	1966——
	1967——
	1968——
	1969——
	1970——
	1971——
	1972——
	1973——
Stevie Wonder	1974——
Stevie Wonder	1975——
	1976——
Stevie Wonder	1977——
	1978——
	1979——
	1980——
	1981——
	1982——
	1983——
Michael Jackson	1984——
Lionel Richie	1985——
	1986——
	1987——
	1988——
	1989——
	1990——
Quincy Jones	1991——
Natalie Cole	1992——
	1993——
Whitney Houston	1994——
	1995——
	1996——
	1997——
	1998——
Lauryn Hill	1999——
	2000——
	2001——
	2002——
	2003——
OutKast	2004——
Ray Charles	2005——
	2006——
	2007——
Herbie Hancock	2008——
	2009——
	2010——
	2011——
	2012——
	2013——
	2014——
	2015——
	2016——
	2017——

Fake schlägt Wirklichkeit

Die bei Facebook meistgeklickten Nachrichten vor der US-amerikanischen Präsidentenwahl 2016 – jeweils die Top 5 der echten und gelogenen Artikel

Papst Franziskus schockiert die Welt, unterstützt Donald Trump als Präsident, veröffentlicht Statement

Ending the Feds
960 000

Trumps Vor-geschichte der Korruption ist überwältigend – warum gilt dann Clinton als die Korrupte?

Washington Post
849 000

Lies das Gesetz: Hillary darf überhaupt kein Regierungsamt ausüben

Ending the Feds
701 000

Hör auf, so zu tun, als wüsstest du nicht, warum die Leute Hillary Clinton hassen

Huffington Post
623 000

FBI-Agent, der unter Verdacht steht wegen Hillary-E-Mail-Leak, wurde tot aufgefunden, offenbar Mord/ Selbstmord

Denver Guardian
567 000

WikiLeaks BESTÄTIGT, dass Hillary Waffen an den IS verkauft hat. Dann platzt eine weitere Bombe! Eilmeldung!

The Political Insider
789 000

ES IST RAUS: Hillarys IS-E-Mail wurde gerade geleakt & sie ist schlimmer, als sich irgendjemand vorstellen konnte

The Political Insider
754 000

Melania Trumps Fotos mit einer Frau aus heißem Shooting enthüllt

New York Post
531 000

Ford checkt die Fakten von Trump: Wir bleiben hier für immer

CNN
407 000

Ich habe die CIA geleitet – heute unterstütze ich Hillary Clinton

New York Times
373 000

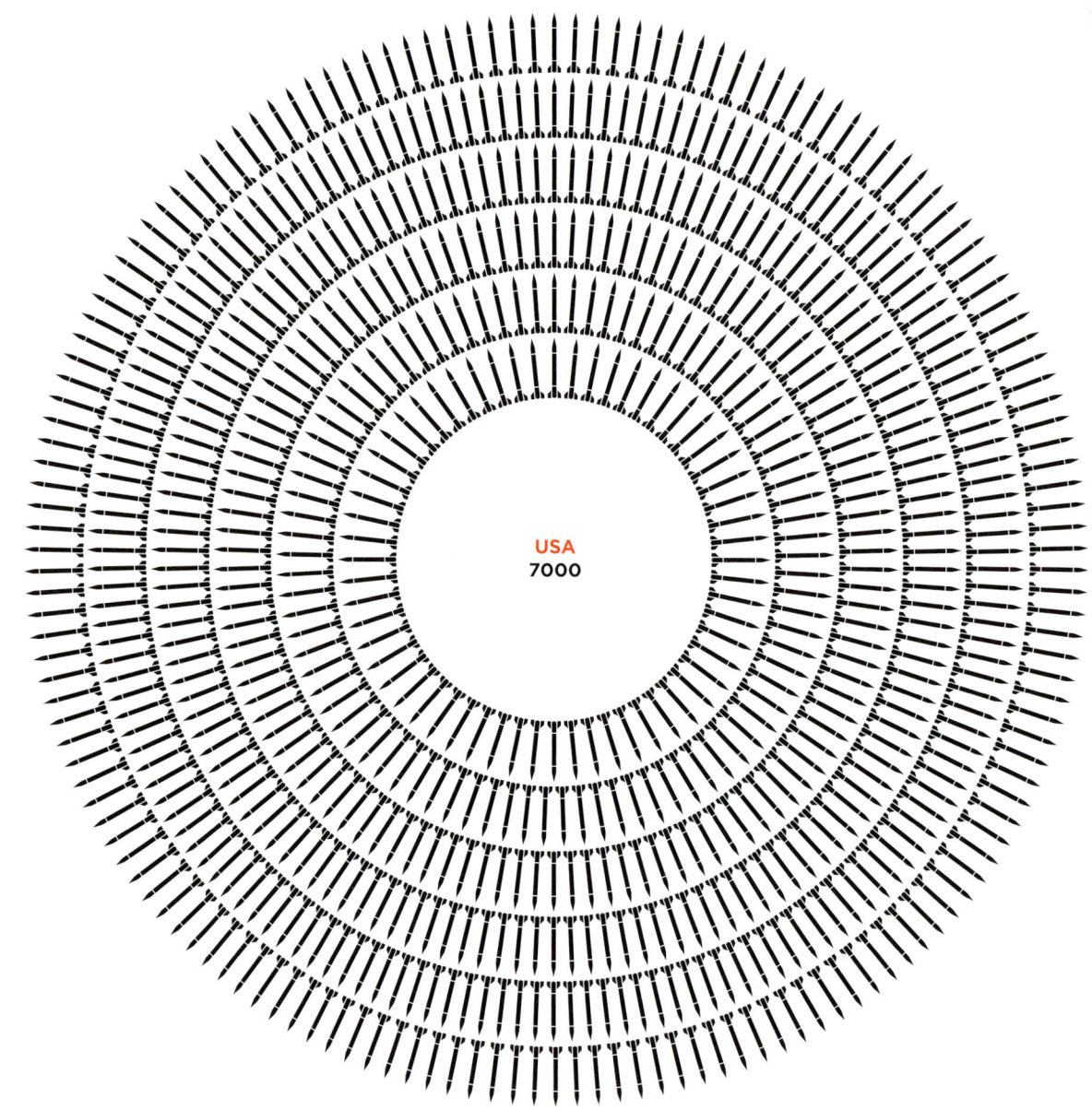

USA
7000

Atomsprengköpfe weltweit

10
Atom-
sprengköpfe

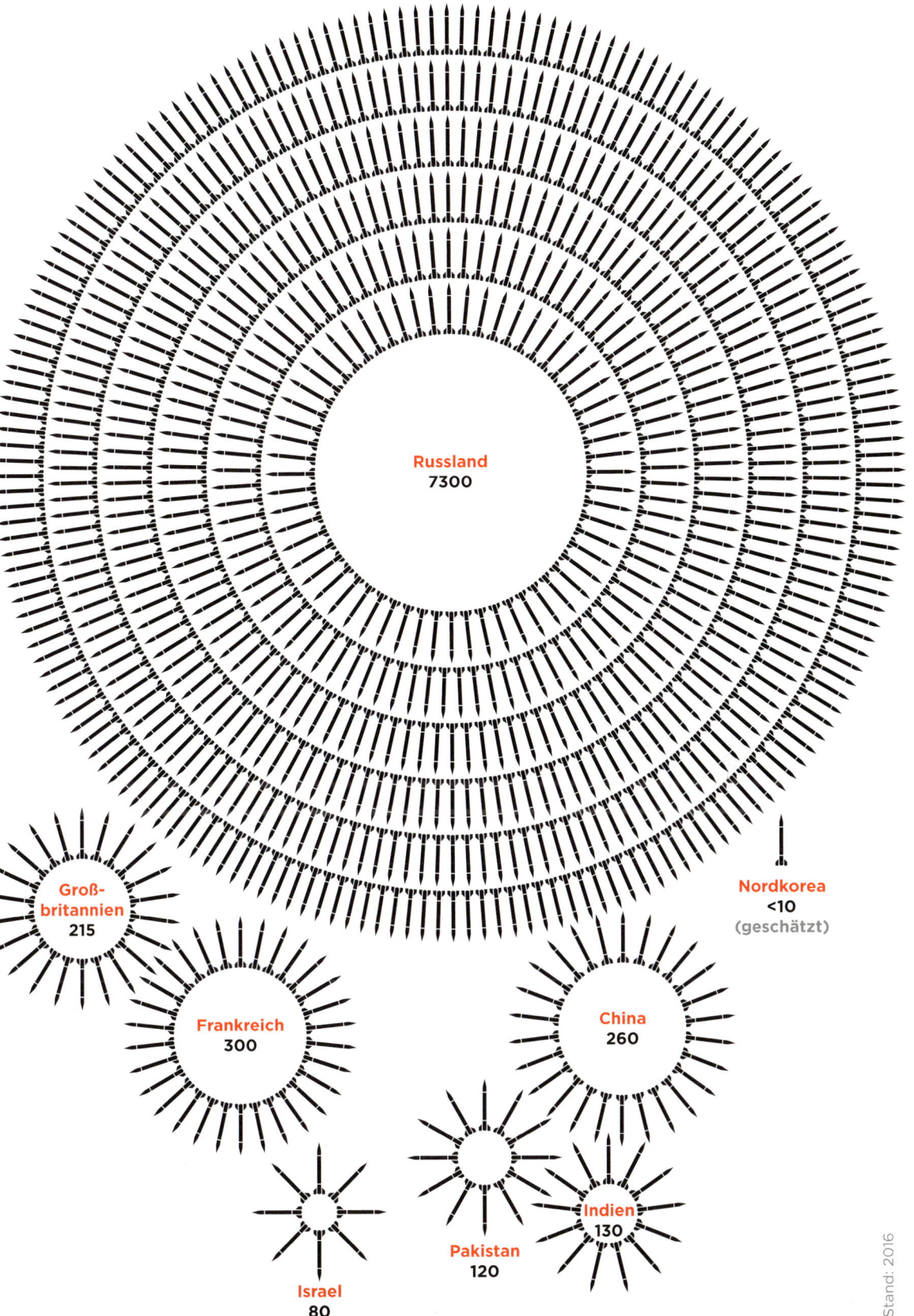

Russland
7300

Großbritannien
215

Frankreich
300

China
260

Nordkorea
<10
(geschätzt)

Pakistan
120

Indien
130

Israel
80

Stand: 2016

Hochleistungskühe

Natürlicherweise produziert eine Kuh für ihr Kalb täglich:
8 Liter Milch

Hochleistungskühe produzieren täglich: —————————
50 Liter Milch

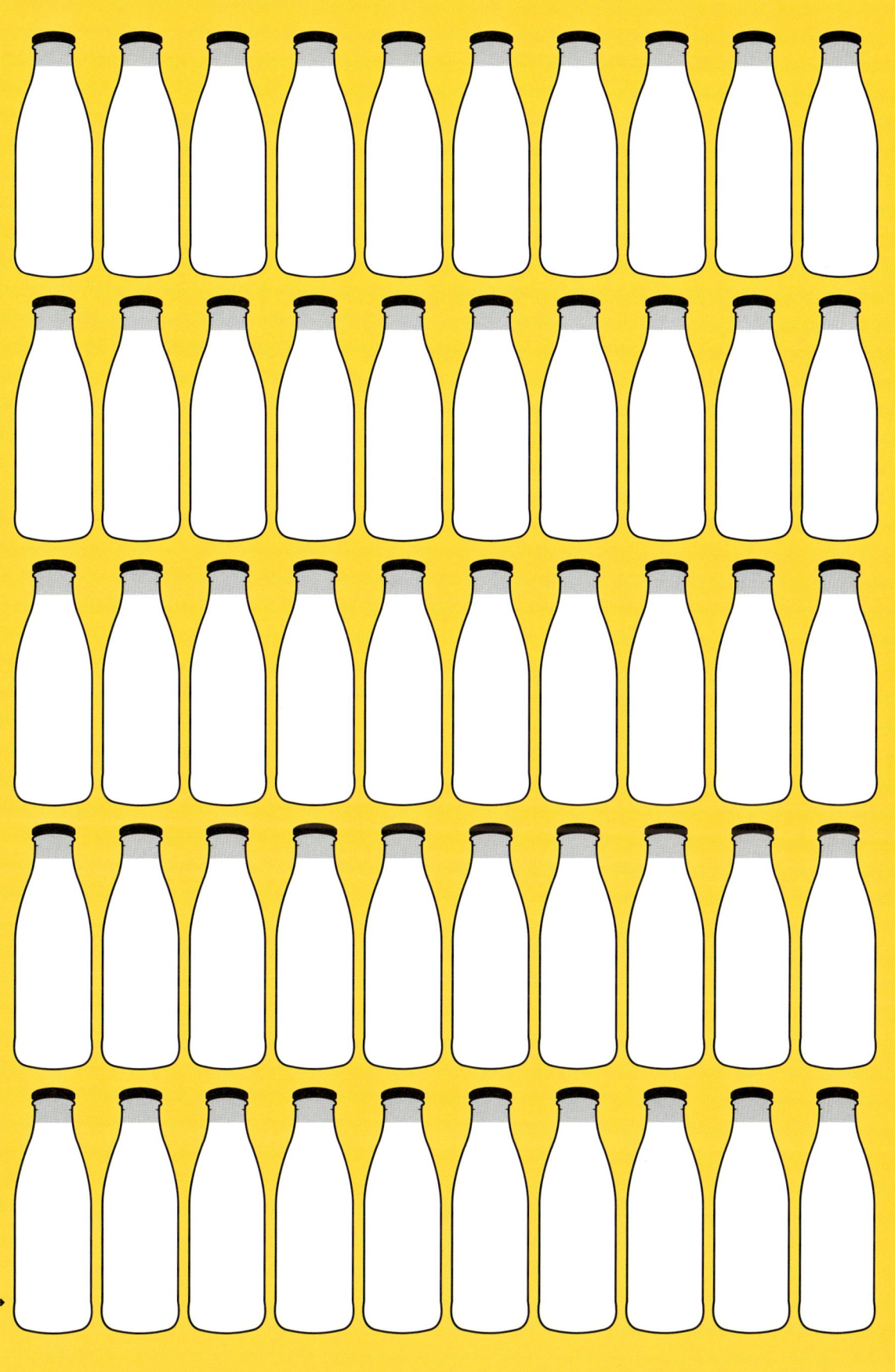

Männer

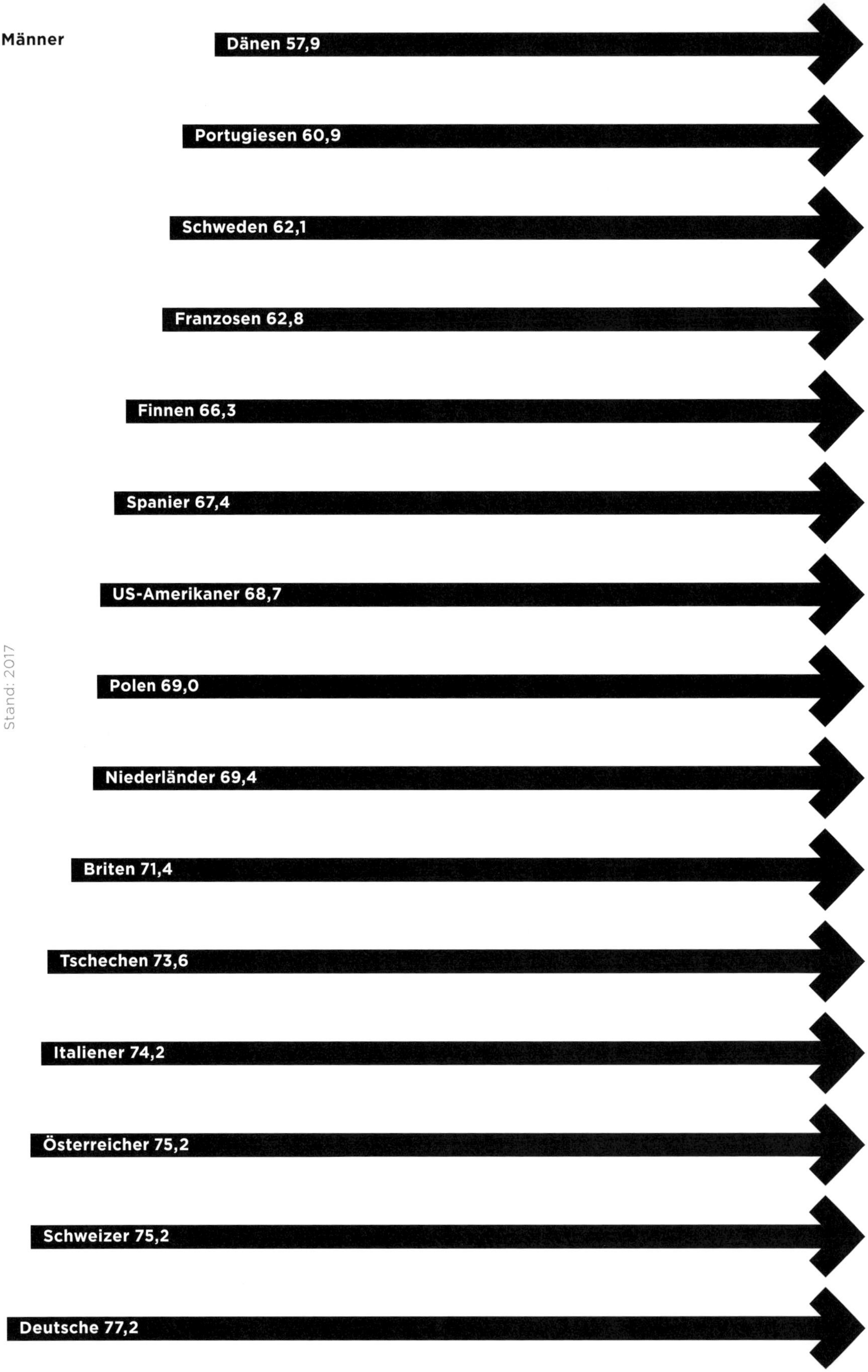

Dänen 57,9

Portugiesen 60,9

Schweden 62,1

Franzosen 62,8

Finnen 66,3

Spanier 67,4

US-Amerikaner 68,7

Polen 69,0

Niederländer 69,4

Briten 71,4

Tschechen 73,6

Italiener 74,2

Österreicher 75,2

Schweizer 75,2

Deutsche 77,2

Stand: 2017

Däninnen 42,1

Portugiesinnen 39,1

Schwedinnen 37,9

Französinnen 37,2

Finninnen 33,7

Spanierinnen 32,6

US-Amerikanerinnen 31,3

Polinnen 31,0

Niederländerinnen 30,6

Britinnen 28,6

Tschechinnen 26,4

Italienerinnen 25,8

Österreicherinnen 24,8

Schweizerinnen 24,8

Deutsche 22,6

Sein Anteil, ihr Anteil

**Wie viel Prozent des Paareinkommens tragen
im Schnitt Männer und wie viel Frauen bei?**

Zum Henker

Alle Hinrichtungen 2016
(und zum Vergleich die
Einwohnerzahl der Länder)

Land
Zahl Hingerichteter
Einwohner in Millionen

USA
20
321,2

Weißrussland
> 4
9,5

Ägypten
44
89,1

Iran
> 567
78,5

Palästinensische
Gebiete
3
4,5

Sudan
2
40,9

Nigeria
3
181,8

Botsuana
1
2,1

Somalia
14
11,1

Saudi-Arabien
> 154
31,6

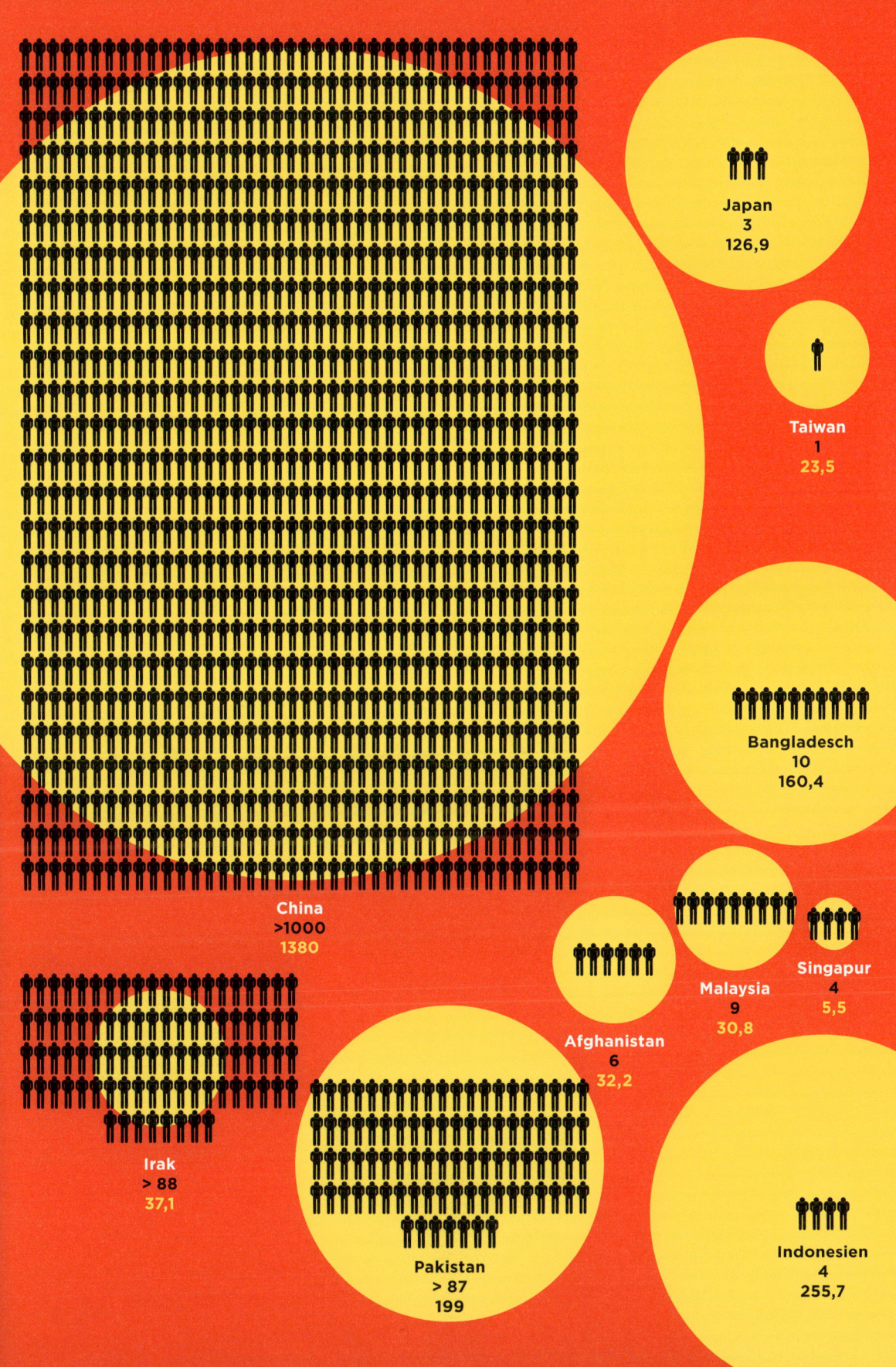

Japan
3
126,9

Taiwan
1
23,5

Bangladesch
10
160,4

China
>1000
1380

Malaysia
9
30,8

Singapur
4
5,5

Afghanistan
6
32,2

Irak
> 88
37,1

Pakistan
> 87
199

Indonesien
4
255,7

Verschwendete Kleidung

Die Kleider der Deutschen werden zum Teil unter
menschenunwürdigen Umständen produziert. Wie
viel Prozent davon bleiben vergessen im Schrank?

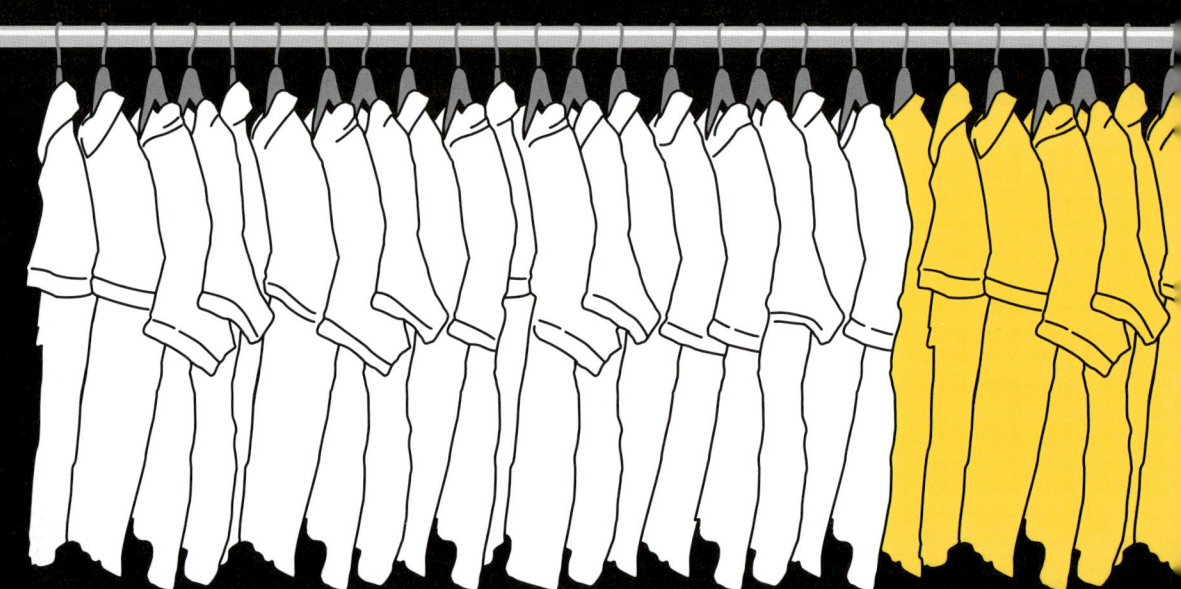

36,4
werden mindestens einmal
alle drei Wochen benutzt

24,5
werden mindestens einmal
alle drei Monate benutzt

39,1
werden seltener
oder nie benutzt

Stand: 2015

Gekaufte Forschung

Wie viele Stiftungsprofessuren werden von DAX-Unternehmen finanziert?

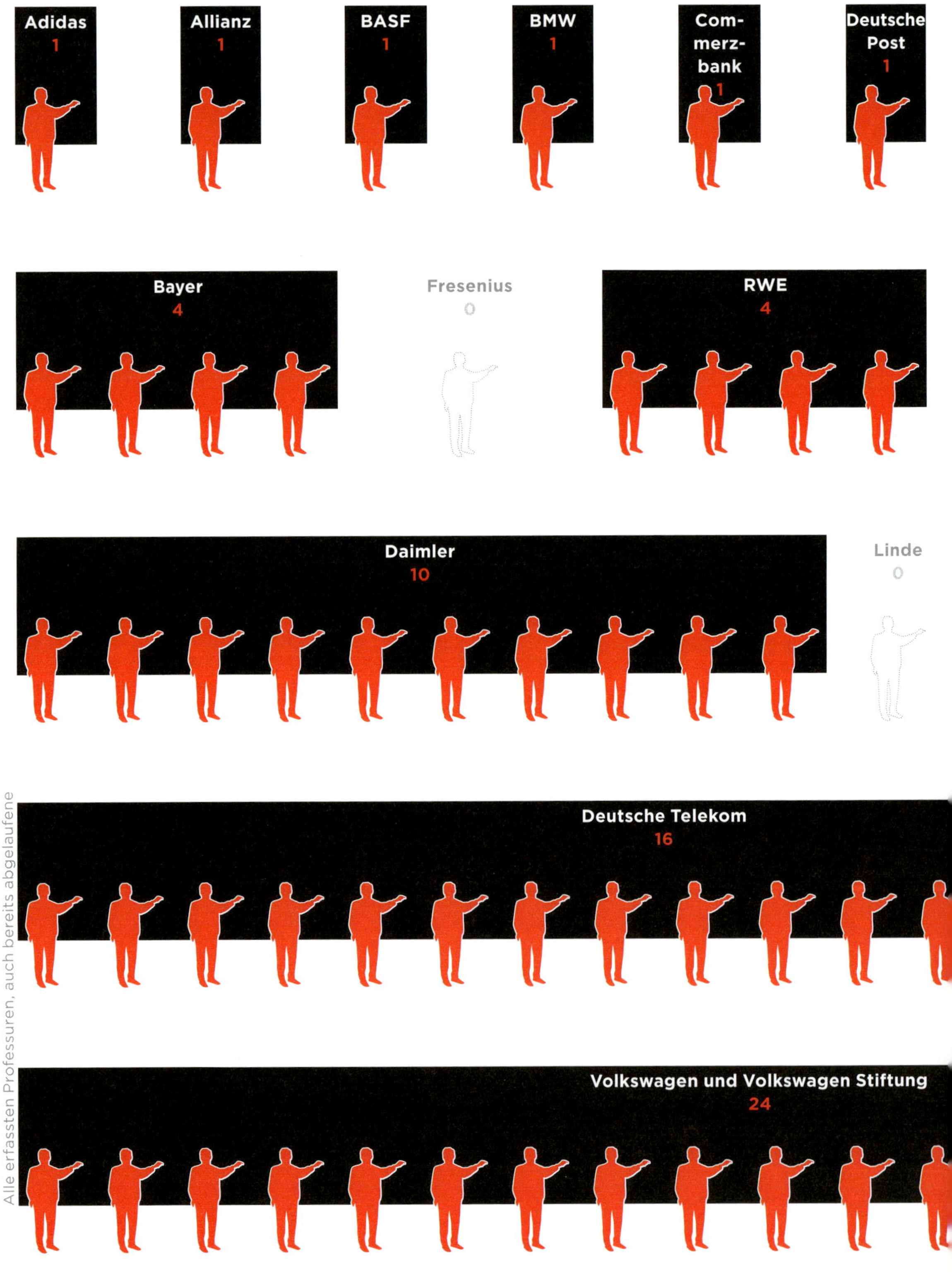

Adidas
1

Allianz
1

BASF
1

BMW
1

Com-merz-bank
1

Deutsche Post
1

Bayer
4

Fresenius
0

RWE
4

Daimler
10

Linde
0

Deutsche Telekom
16

Volkswagen und Volkswagen Stiftung
24

Alle erfassten Professuren, auch bereits abgelaufene

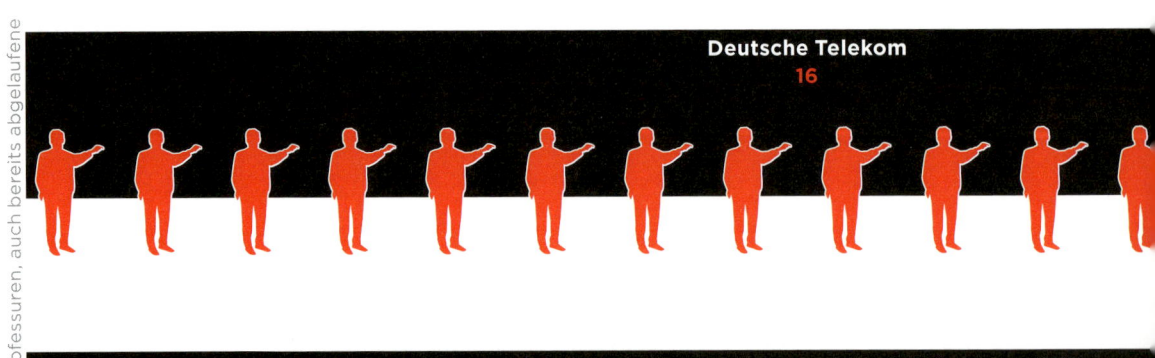

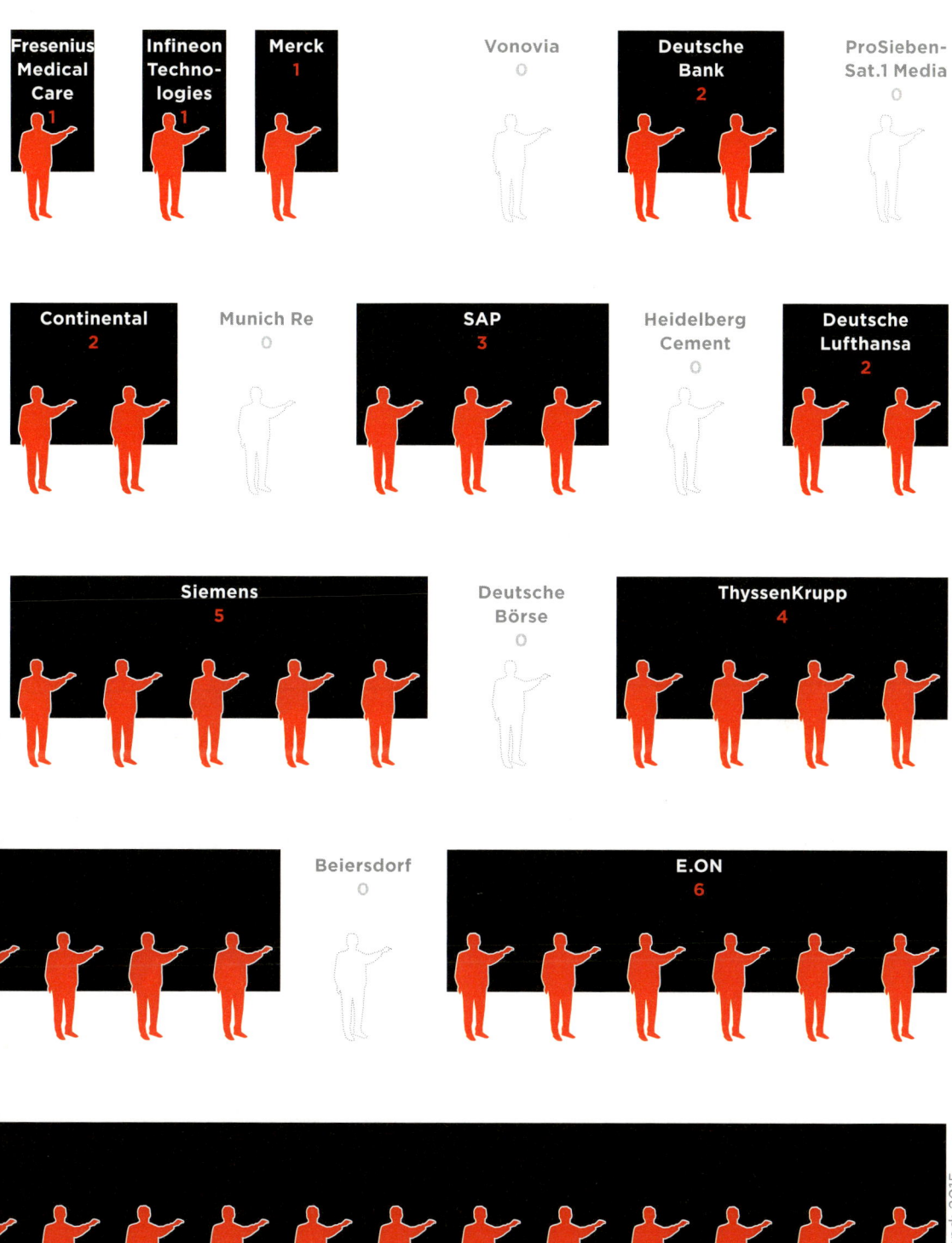

Fresenius Medical Care
1

Infineon Technologies
1

Merck
1

Vonovia
0

Deutsche Bank
2

ProSieben-Sat.1 Media
0

Continental
2

Munich Re
0

SAP
3

Heidelberg Cement
0

Deutsche Lufthansa
2

Siemens
5

Deutsche Börse
0

ThyssenKrupp
4

Beiersdorf
0

E.ON
6

Stand: 2015

Pestizide

Wie viele Tonnen Pflanzenschutzmittel wurden in Deutschland eingesetzt?

1994
29 769

2014
46 103

Beherbergt Deutschland wirklich besonders viele Flüchtlinge?

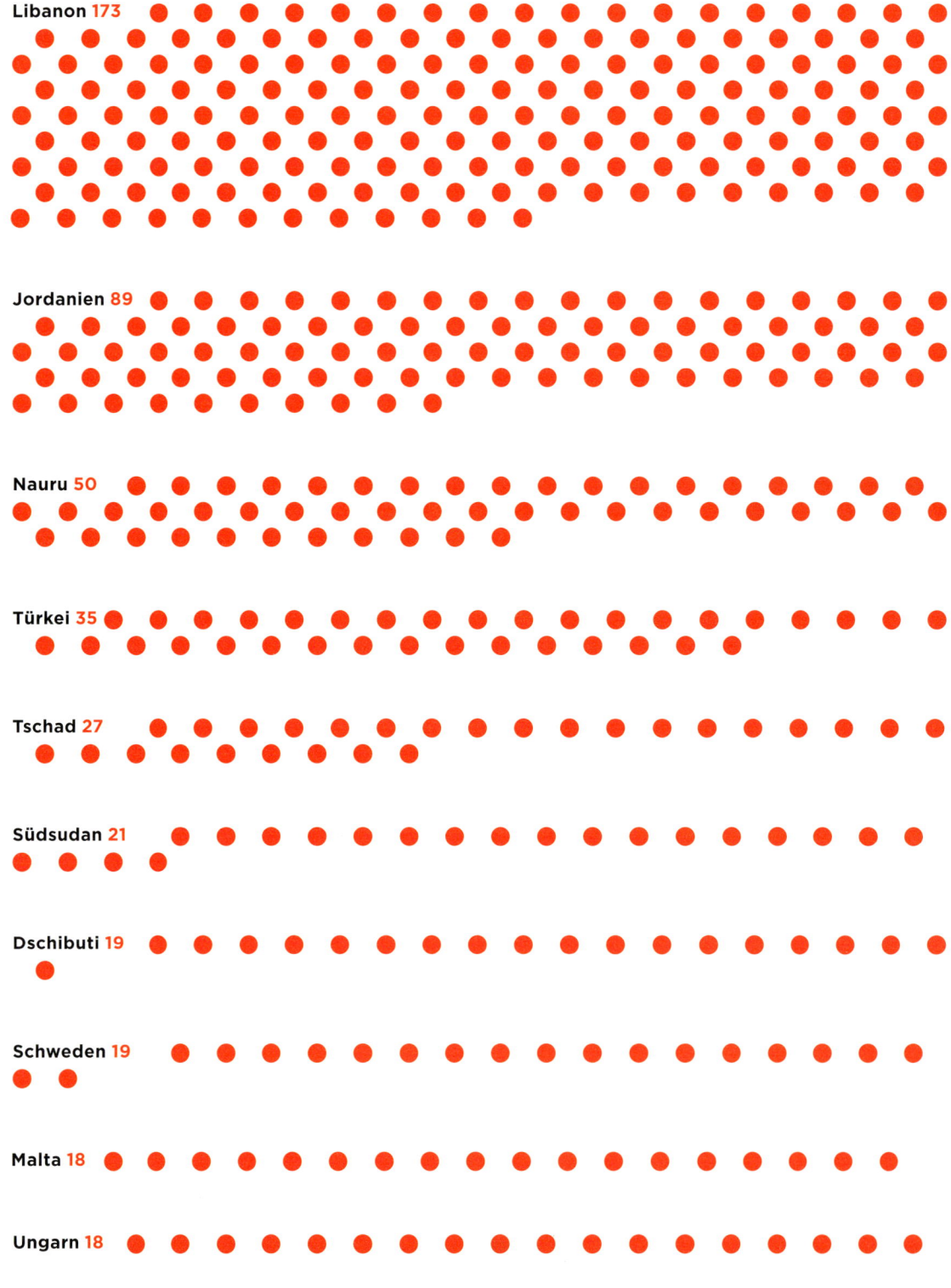

Libanon **173**

Jordanien **89**

Nauru **50**

Türkei **35**

Tschad **27**

Südsudan **21**

Dschibuti **19**

Schweden **19**

Malta **18**

Ungarn **18**

Anzahl der Flüchtlinge 2016
pro 1000 Einwohner

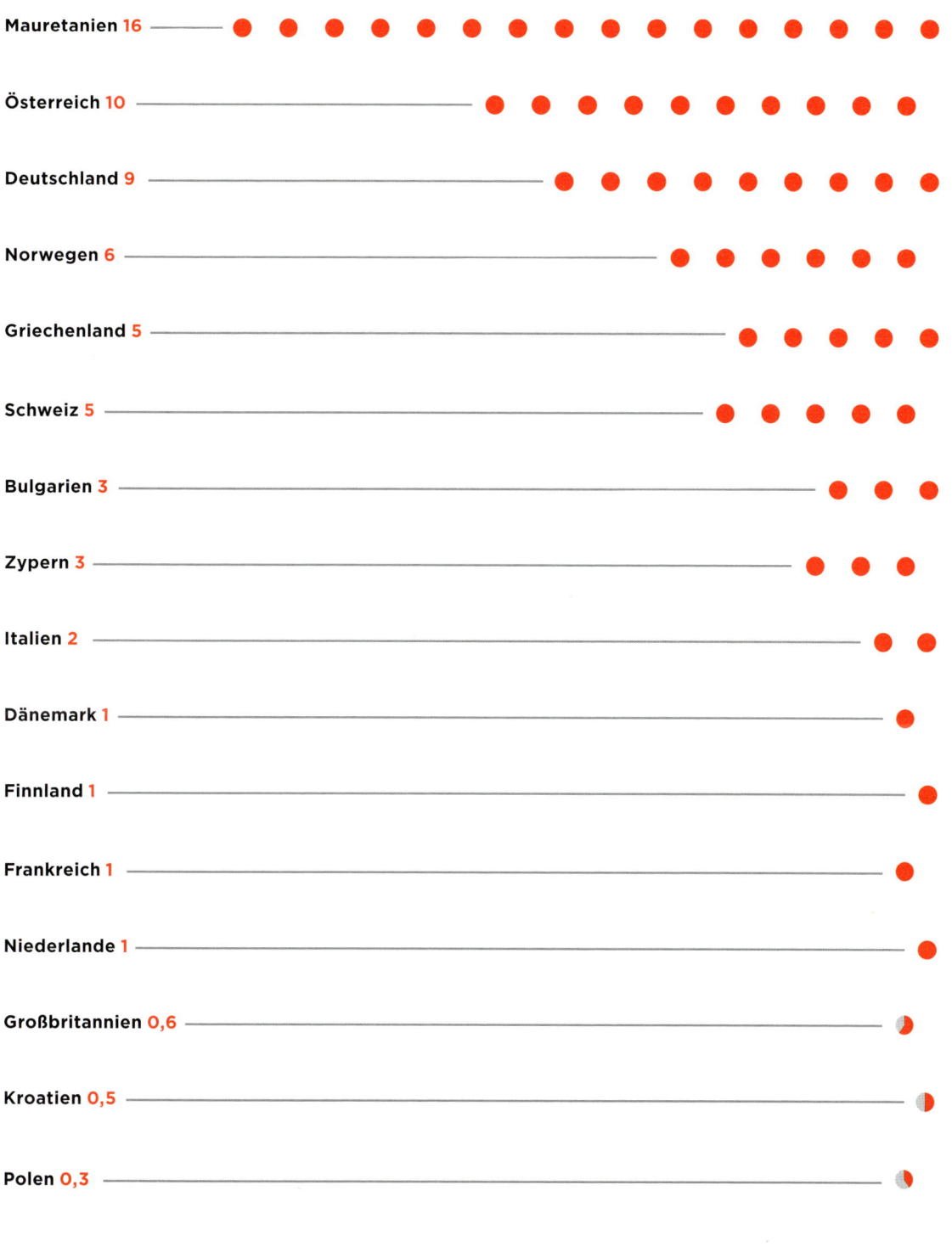

Mauretanien 16

Österreich 10

Deutschland 9

Norwegen 6

Griechenland 5

Schweiz 5

Bulgarien 3

Zypern 3

Italien 2

Dänemark 1

Finnland 1

Frankreich 1

Niederlande 1

Großbritannien 0,6

Kroatien 0,5

Polen 0,3

Portugal 0,07

Studiengebühren pro Jahr

Deutschland und die USA im Vergleich

Ohne Beiträge zum Studentenwerk oder für das ÖPNV-Ticket. Stand: 2016

Deutschland
max. 300 Euro
Verwaltungs-
kostenbeitrag
(Erststudium)

USA
im Schnitt
33 480 USD

Versuchstiere

Wie viele Mäuse, Katzen, Affen und andere Tiere werden in Deutschland ganz offiziell für Experimente genutzt?

2327 Schafe

143 Frösche

2683 Javaner-affen

237 Frett-chen

1112 Katzen

1 anderer Altwelt-affe

757 Reptilien

102 Halb-affen

2031338 Mäuse

13 213 Schweine

304 Krallenaffen

13 398 andere Nagetiere

326 233 Ratten

6 Paviane

30 Zwerghamster

1590 andere Säugetiere

14 297 andere Vögel

1525 Pferde/Esel/Kreuzungen

5258 Mongolische Rennmäuse

111 718 Kaninchen

4150 Rinder

80 Kopffüßer

80 777 andere Fische

45 Rhesusaffen

18 809 Meerschweinchen

686 andere Fleischfresser

4491 Hunde

3305 andere Amphibien

953 Ziegen

1409 Goldhamster

8232 Krallenfrösche

120 878 Zebrafische

29 874 Hühner

Stand: 2015

Unten angekommen

Zuwachs der Obdachlosen und Zuwachs der Wirtschaftskraft Deutschlands

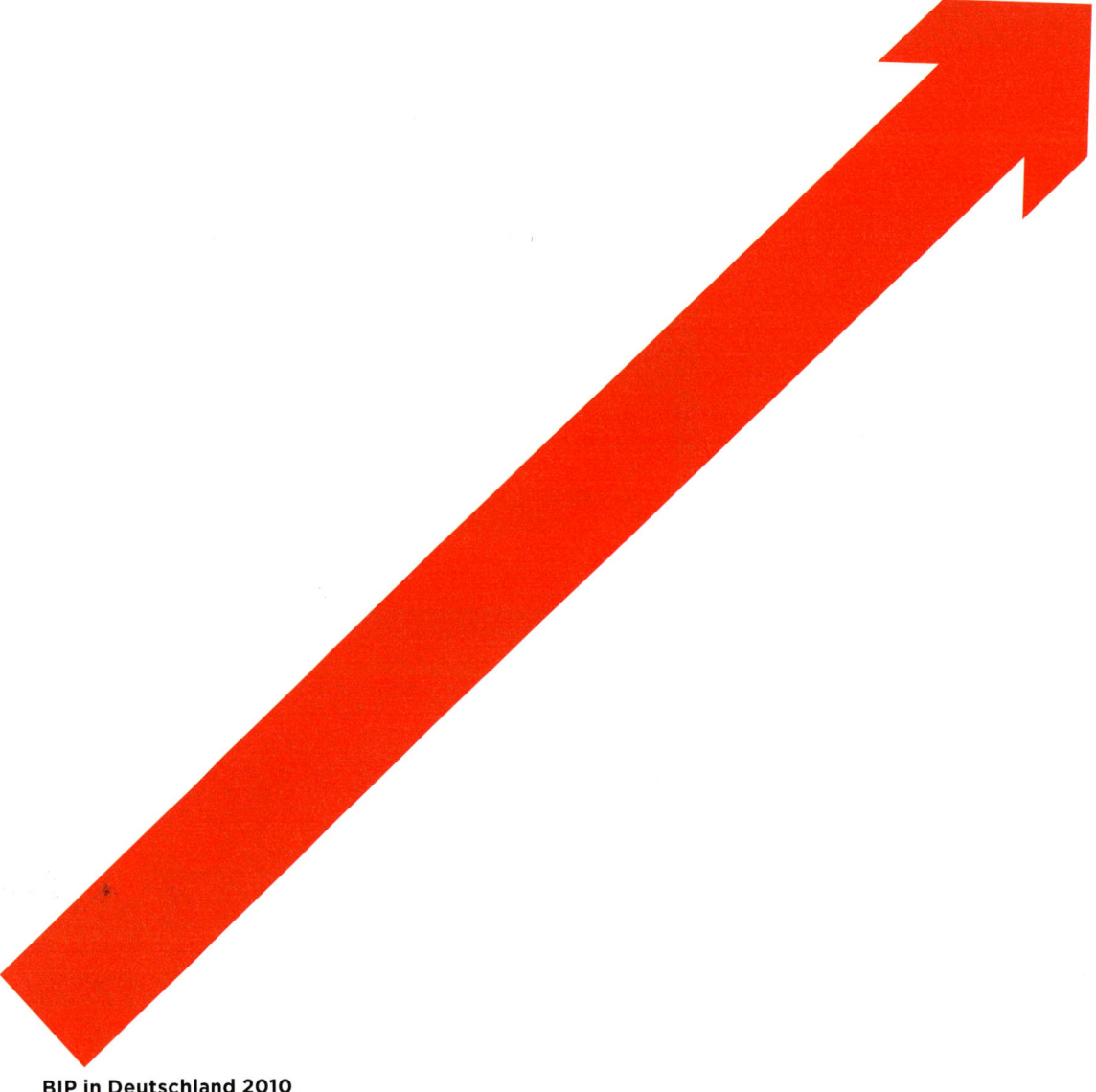

BIP in Deutschland 2016
3134,1 Mrd. Euro

BIP in Deutschland 2010
2580,1 Mrd. Euro

Obdachlose 2016
ca. 335 000

Obdachlose 2010
ca. 248 000

BIP = Bruttoinlandsprodukt

Vermauerte Welt

Wo befinden sich Mauern und Zäune zwischen Nationen,
die die Einreise behindern? Und wo sind welche geplant?

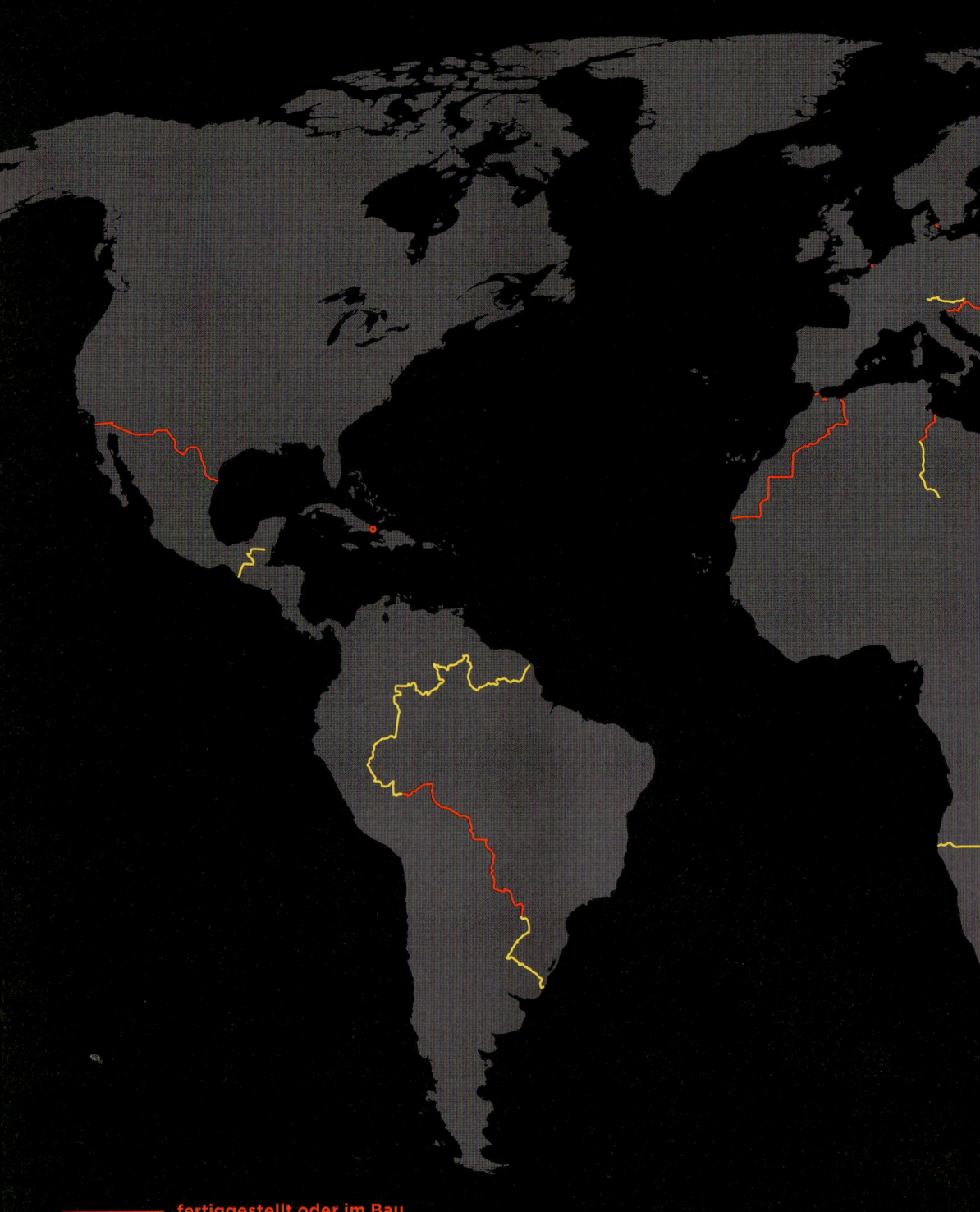

— fertiggestellt oder im Bau

— geplant

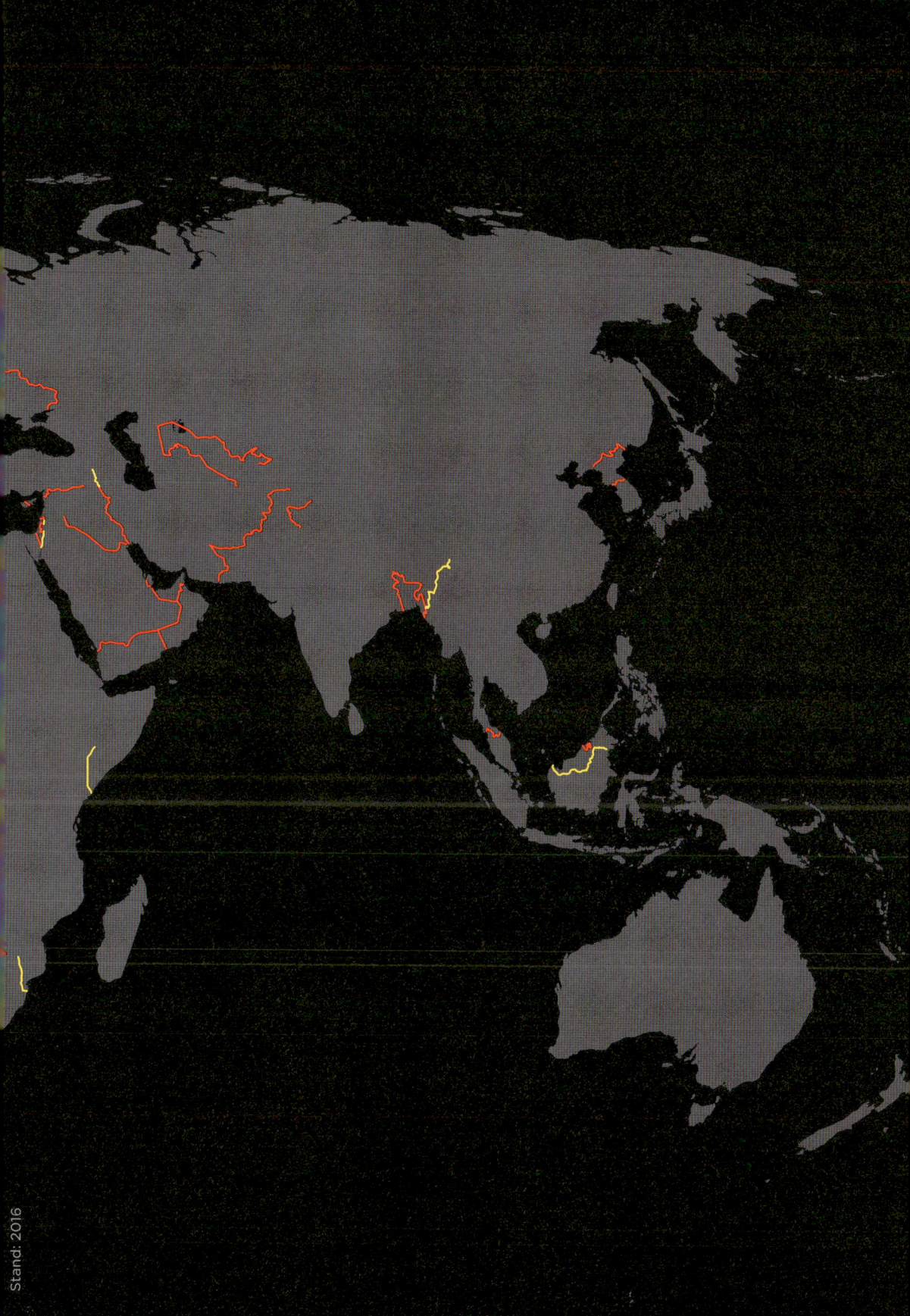

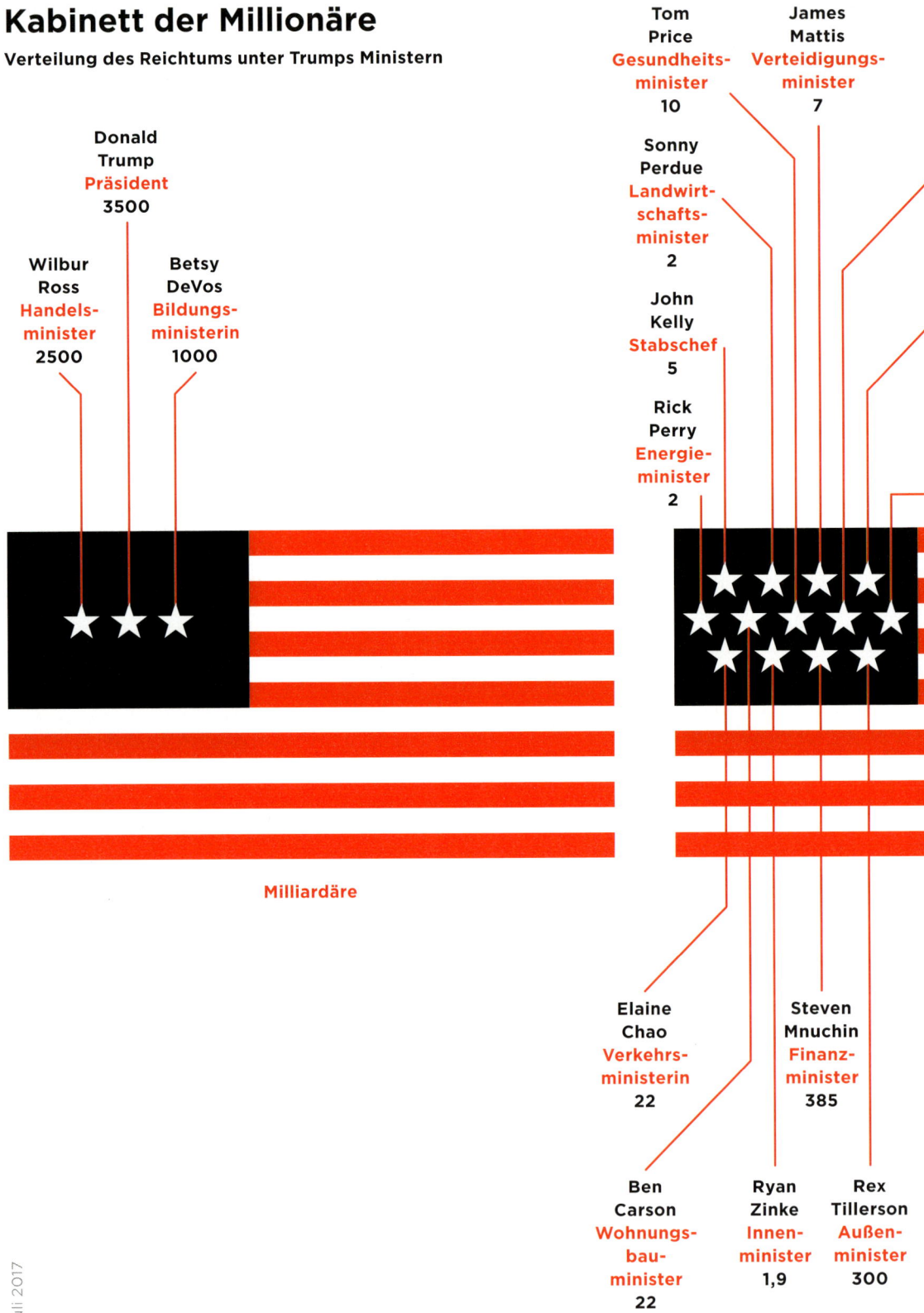

Kabinett der Millionäre

Verteilung des Reichtums unter Trumps Ministern

Donald Trump
Präsident
3500

Wilbur Ross
Handelsminister
2500

Betsy DeVos
Bildungsministerin
1000

Tom Price
Gesundheitsminister
10

James Mattis
Verteidigungsminister
7

Sonny Perdue
Landwirtschaftsminister
2

John Kelly
Stabschef
5

Rick Perry
Energieminister
2

Milliardäre

Elaine Chao
Verkehrsministerin
22

Steven Mnuchin
Finanzminister
385

Ben Carson
Wohnungsbauminister
22

Ryan Zinke
Innenminister
1,9

Rex Tillerson
Außenminister
300

Stand: Juli 2017

Jeff
Sessions
Justiz-
minister
6

Kabinettsmitglied
Position
Vermögen in
Millionen US-Dollar

David
Shulkin
Kriegs-
veteranen-
minister
17

Mike Pence
Vizeminister
0,8

Alexander
Acosta
Arbeits-
minister
1,3

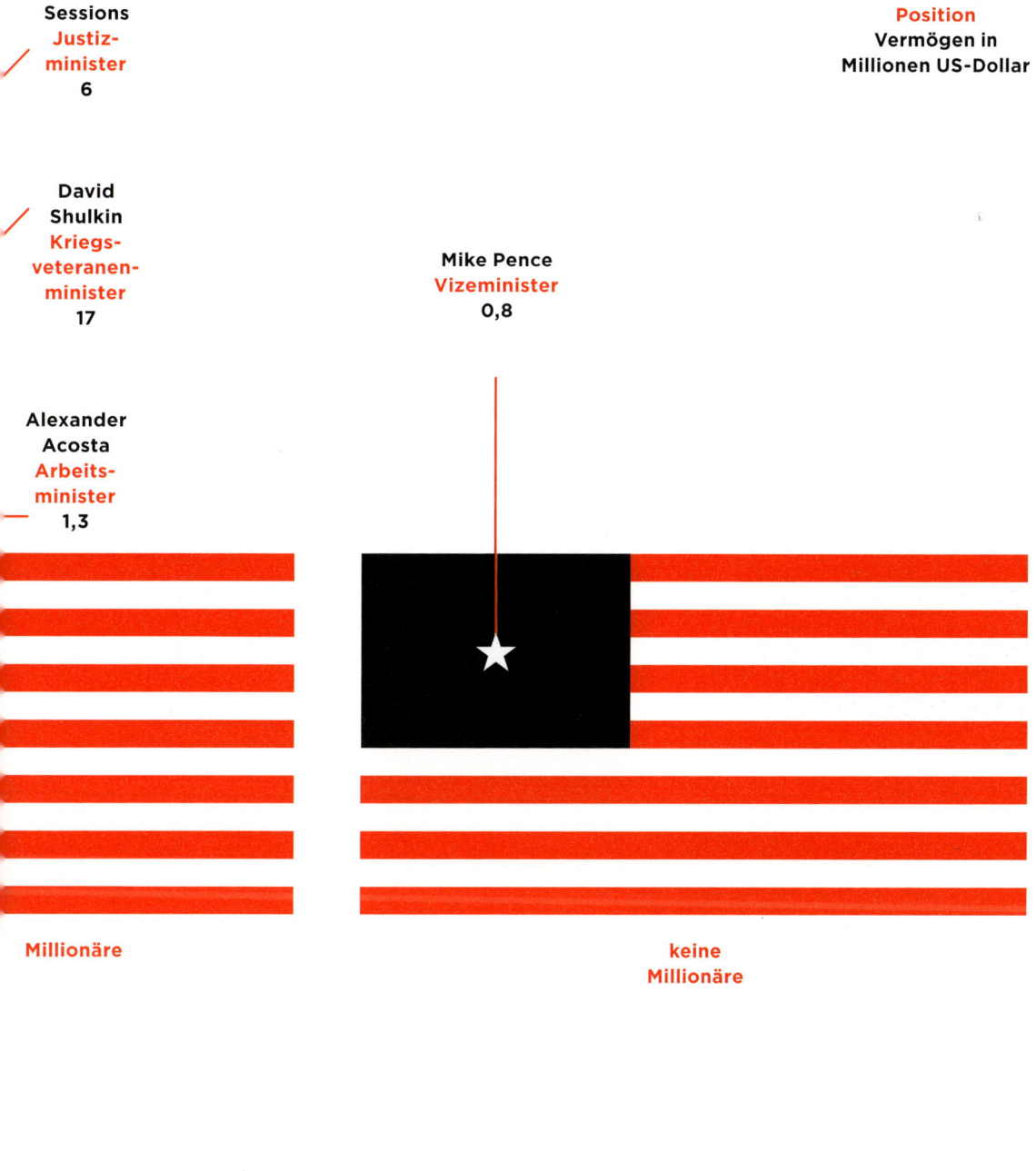

Millionäre

keine
Millionäre

Ungeboren

Wie viel Prozent der Kinder, bei denen im Mutterleib das Downsyndrom festgestellt wird, werden abgetrieben?

Stand: 2012

74,6

Frauen an der Macht

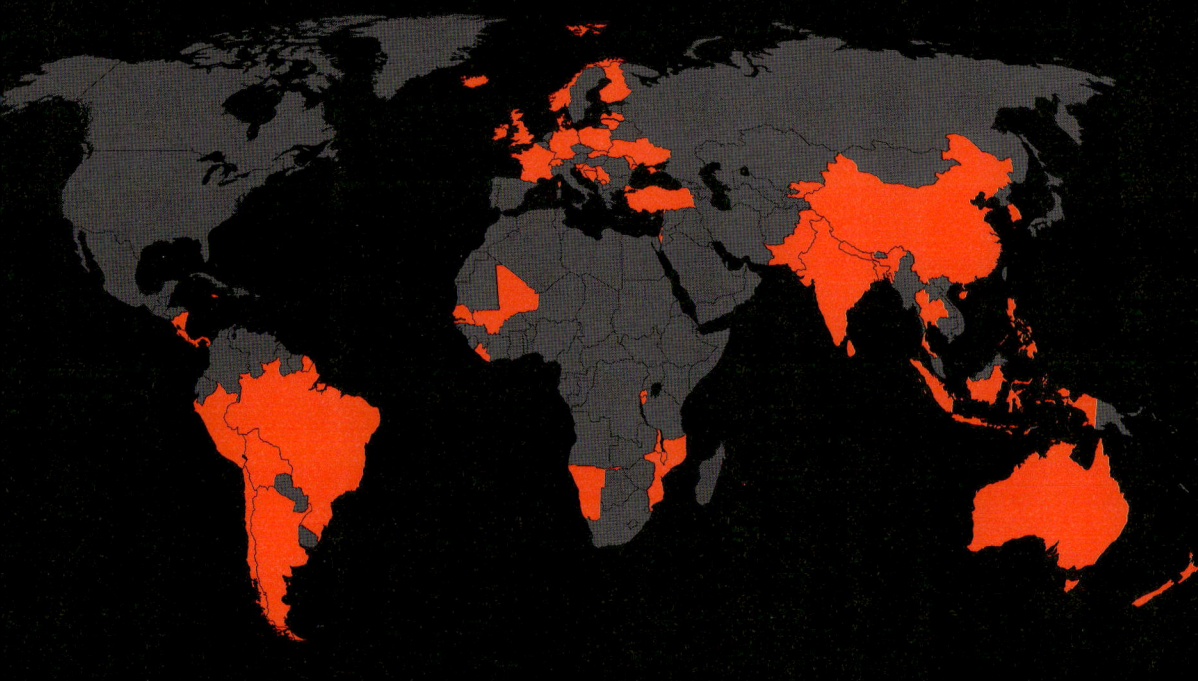

Diese Länder wurden seit dem Zweiten Weltkrieg
schon einmal von einer Frau regiert.

Stand: 2016

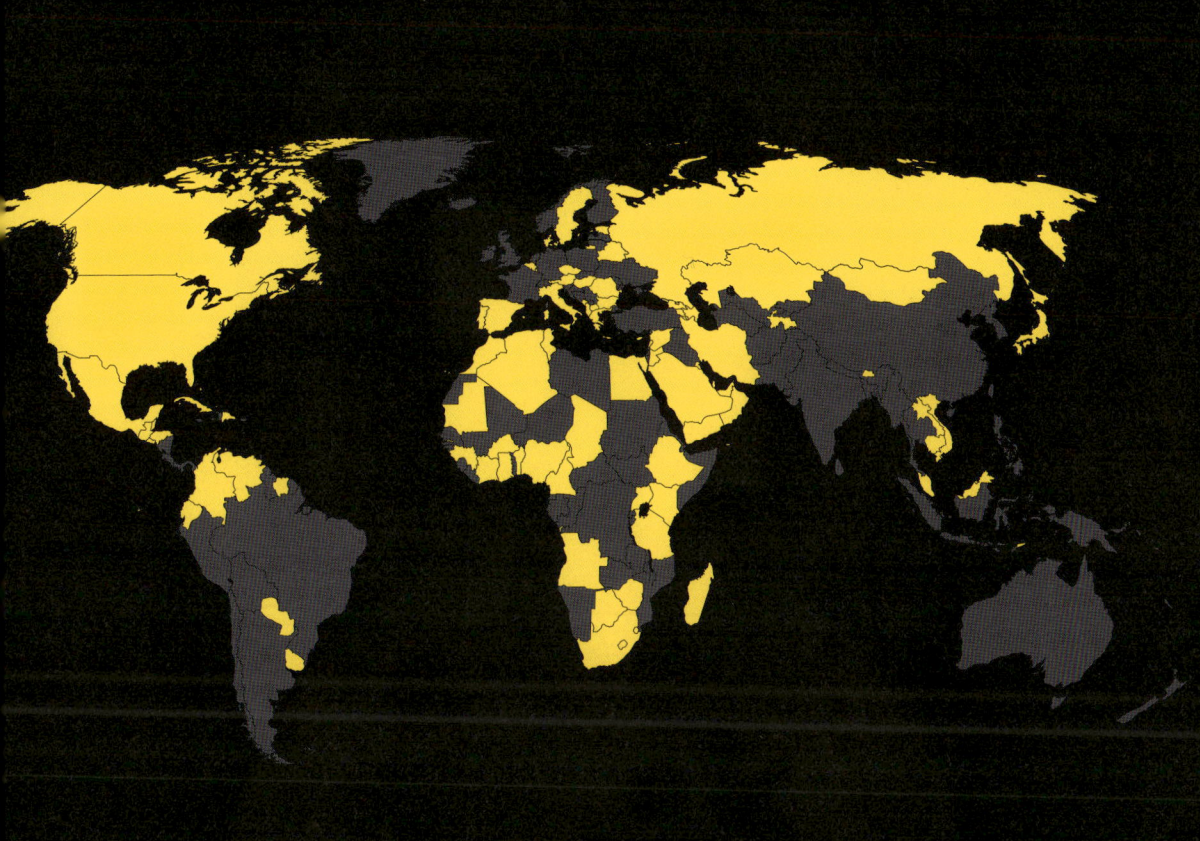

Diese Länder noch nicht.

Wohnungsmarkt

Wie sich in Berlin die Zahl der Armen und die Zahl der Sozialwohnungen entwickelt haben

1993

Sozialwohnungen
370 000

Haushalte mit geringem Einkommen
400 000

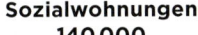

2014

Sozialwohnungen
140 000

Haushalte mit geringem Einkommen
440 000

Gewilderte Nashörner

Wie die Zahl der getöteten Tiere in Südafrika in den letzten Jahren explodiert ist

Stand: 2015

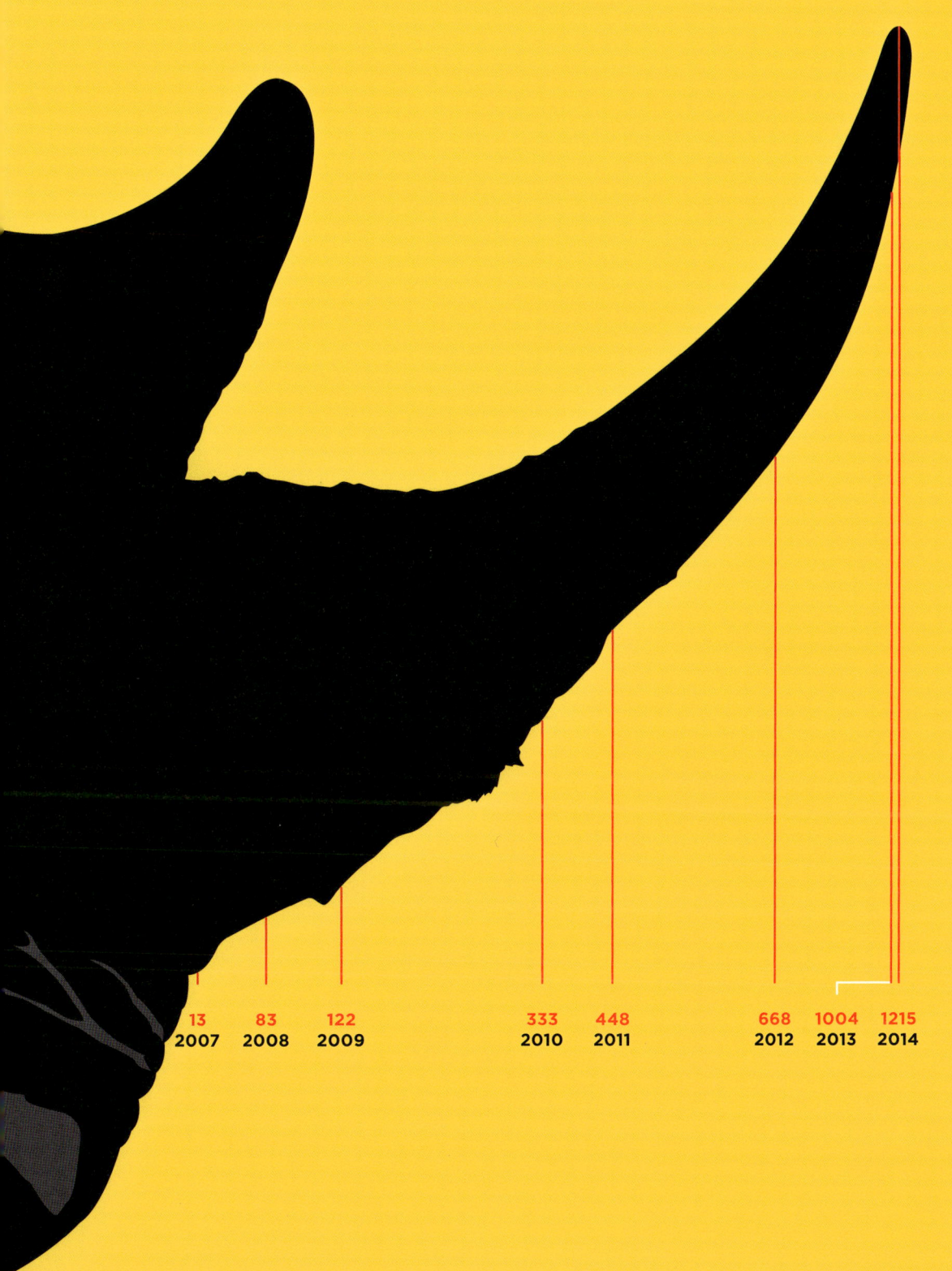

13
2007

83
2008

122
2009

333
2010

448
2011

668
2012

1004
2013

1215
2014

Anzahl der getöteten Nashörner
Jahr

Teurer Fußball

Wie sich die Ablösesummen der teuersten Spieler pro Saison entwickelt haben

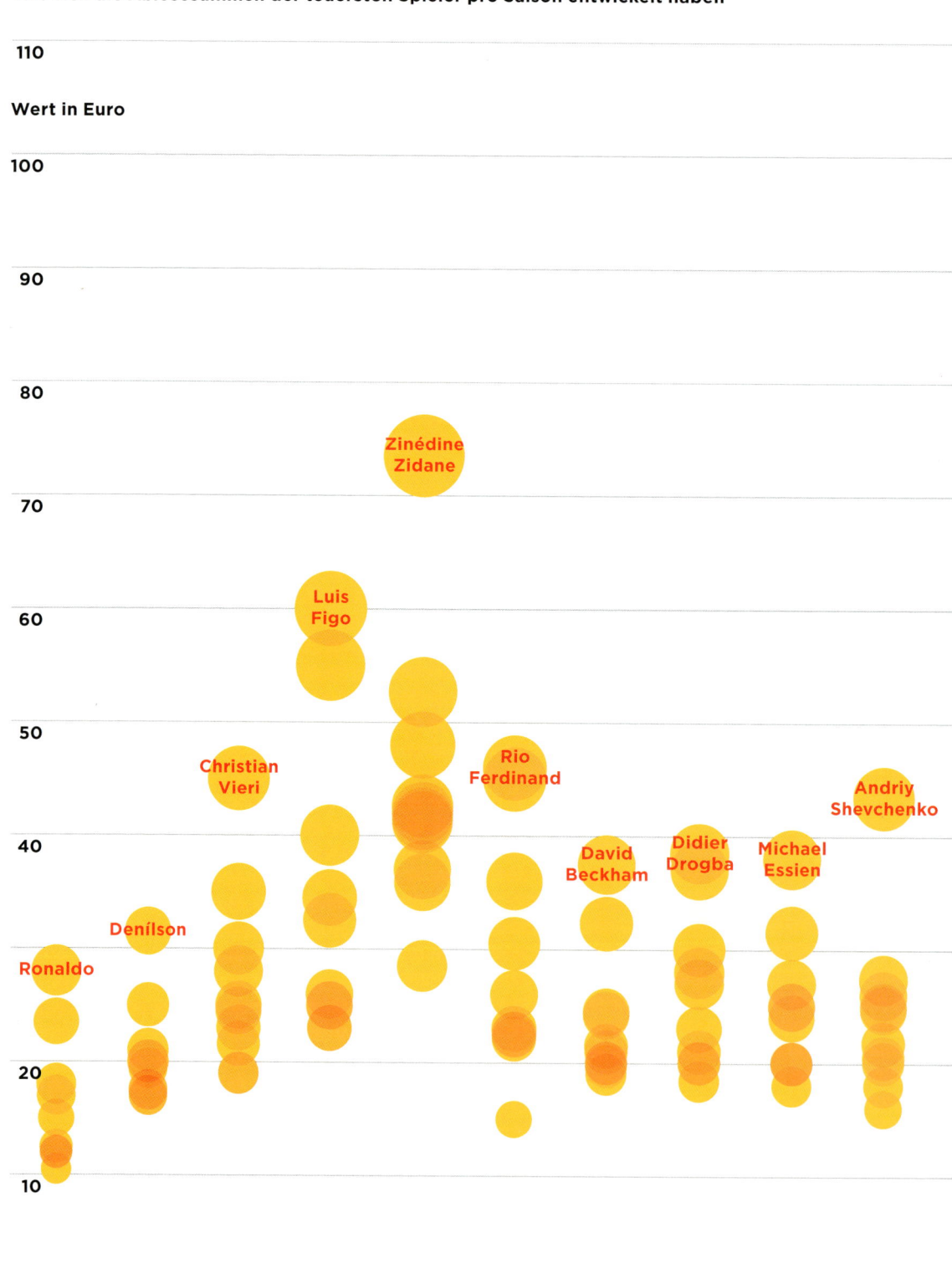

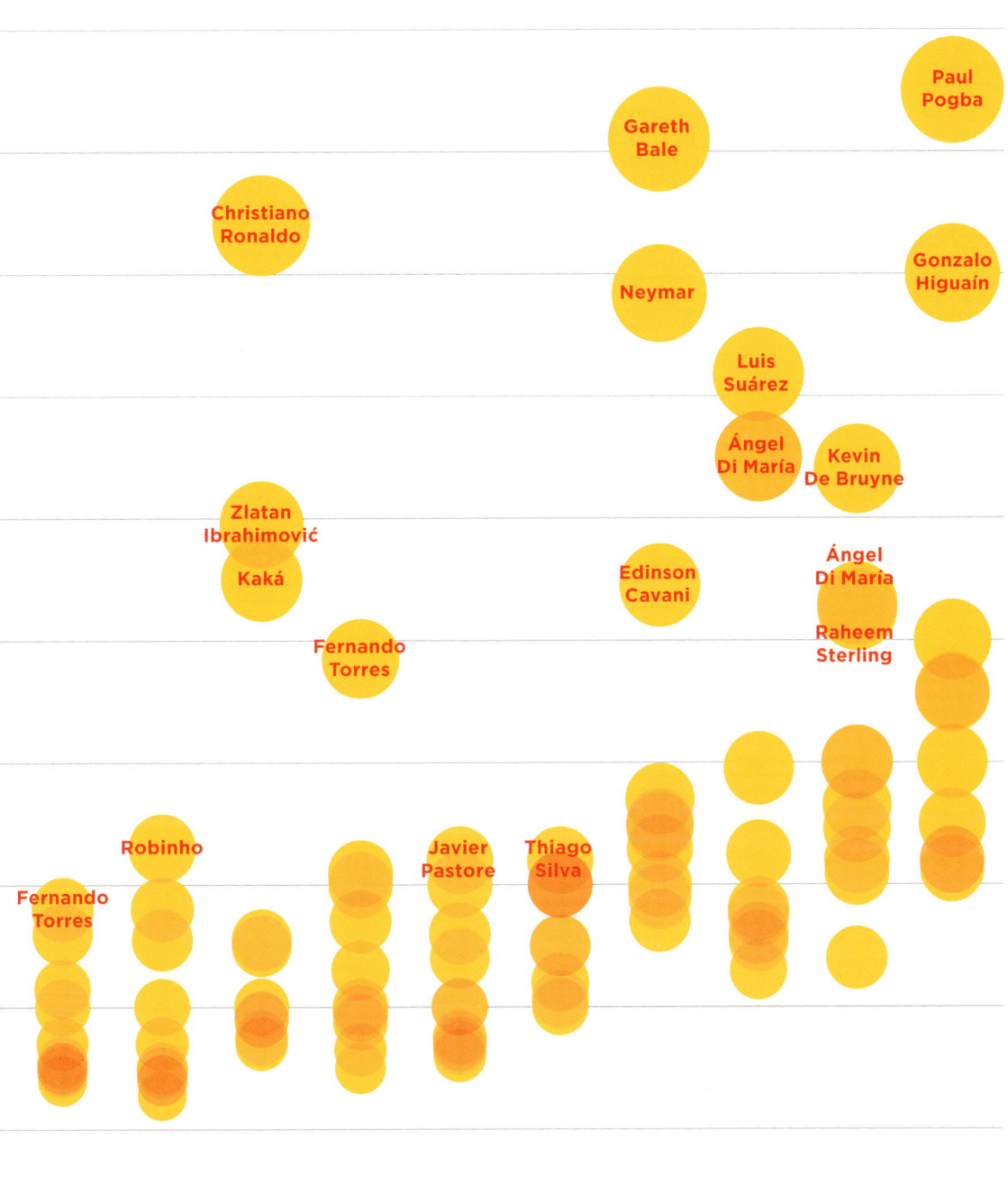

Paul
Pogba

Christiano
Ronaldo

Gareth
Bale

Gonzalo
Higuaín

Neymar

Luis
Suárez

Ángel
Di María

Kevin
De Bruyne

Zlatan
Ibrahimović

Kaká

Edinson
Cavani

Ángel
Di Maria

Fernando
Torres

Raheem
Sterling

Robinho

Javier
Pastore

Thiago
Silva

Fernando
Torres

Wer nach dem Brexit noch aus der EU will

Wie viel Prozent der Befragten fanden, ihr Land solle die EU verlassen?

Italien
48

Frankreich
41

Belgien
29

Ungarn
29

Schweden
39

Deutschland
34

Spanien
26

Polen
22

Entscheidungsroulette

Wie oft wurde Asylbewerbern der Flüchtlingsstatus zuerkannt, wie oft nur der provisorische Schutz?

2015
99:1

Rot:
**voller Schutz
(Flüchtlingsstatus)**

Der zerpflückte Gewinn

**Wer steckt wie viel Prozent des Gewinns
im internationalen Teehandel ein?**

Stand: 2014

Fabrik
7

Händler/
Agentur
6

Tee-
Broker
1

Tee-
Pflücker
<1

Rekordhalter-Jahre

Welche Jahre waren zum damaligen Zeitpunkt
die wärmsten, die jemals gemessen wurden?

1950   1960   1970   1980

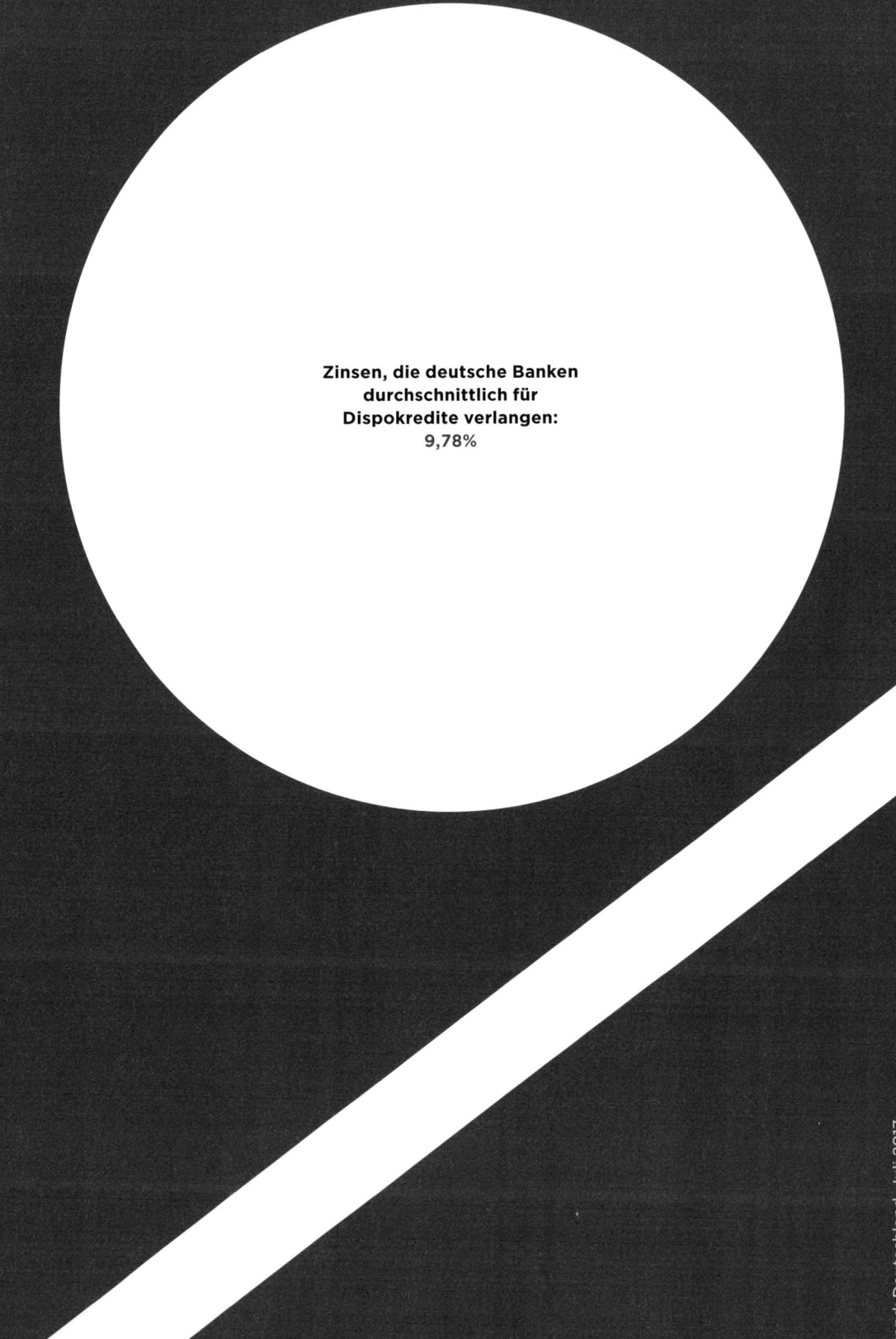

Zinsen, die deutsche Banken
durchschnittlich für
Dispokredite verlangen:
9,78%

Stand: Deutschland, Juli 2017

Zinswucher

Zinsen,
die Banken
selbst zahlen,
wenn sie sich
Geld leihen:
-0,3%

Ein negativer Zinssatz bedeutet, dass derjenige, der sich Geld leiht, von dem, bei dem er es sich leiht, belohnt wird.

Getötet und nicht aufgegessen

Wie viel Prozent eines geschlachteten Tieres werden in Deutschland tatsächlich verzehrt?

Ente
62

Gans
62

Huhn
58

Schwein
62

Rind
37

Schaf/Ziege
33

Stand: 2014

Ganz legale Steuertricks

**Wie erfolgreich spart Google
in Deutschland Steuern?**

G

**Geschätzter Umsatz
2014 in Deutschland
5 000 000 000 Euro**

GLE

Gezahlte Steuern
2014 in Deutschland
12 900 000 Euro

Opfer der Straße

Vergleich der Todesfälle in Berlin 2016

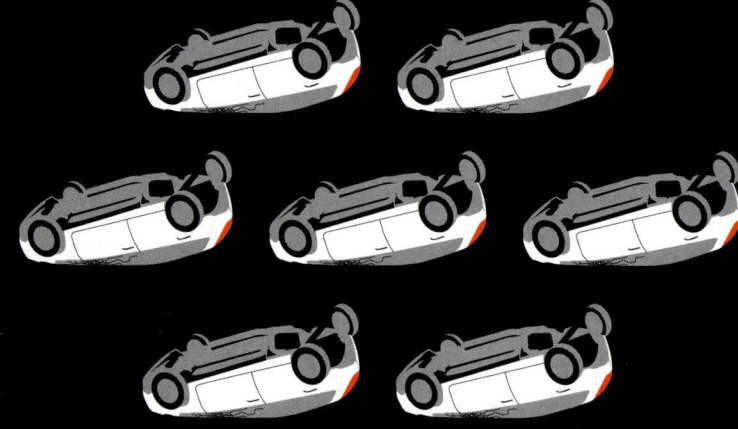

7 Autofahrer

17 Fahrradfahrer

Die geplagte Jugend

Kopfschmerzen nach Geschlecht und Alter in Deutschland

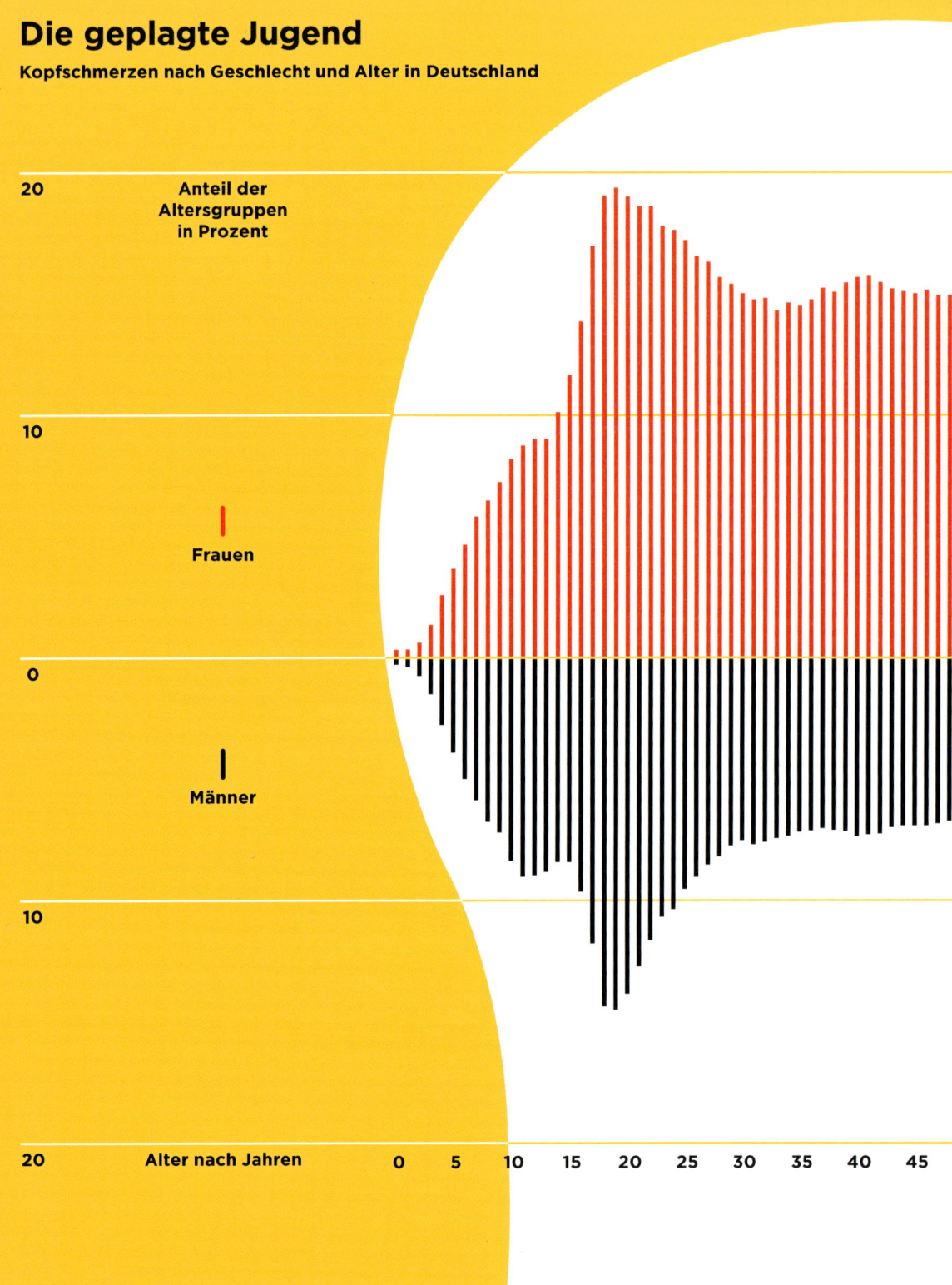

20

10

0

10

20

**Anteil der
Altersgruppen
in Prozent**

Frauen

Männer

Alter nach Jahren

0 5 10 15 20 25 30 35 40 45

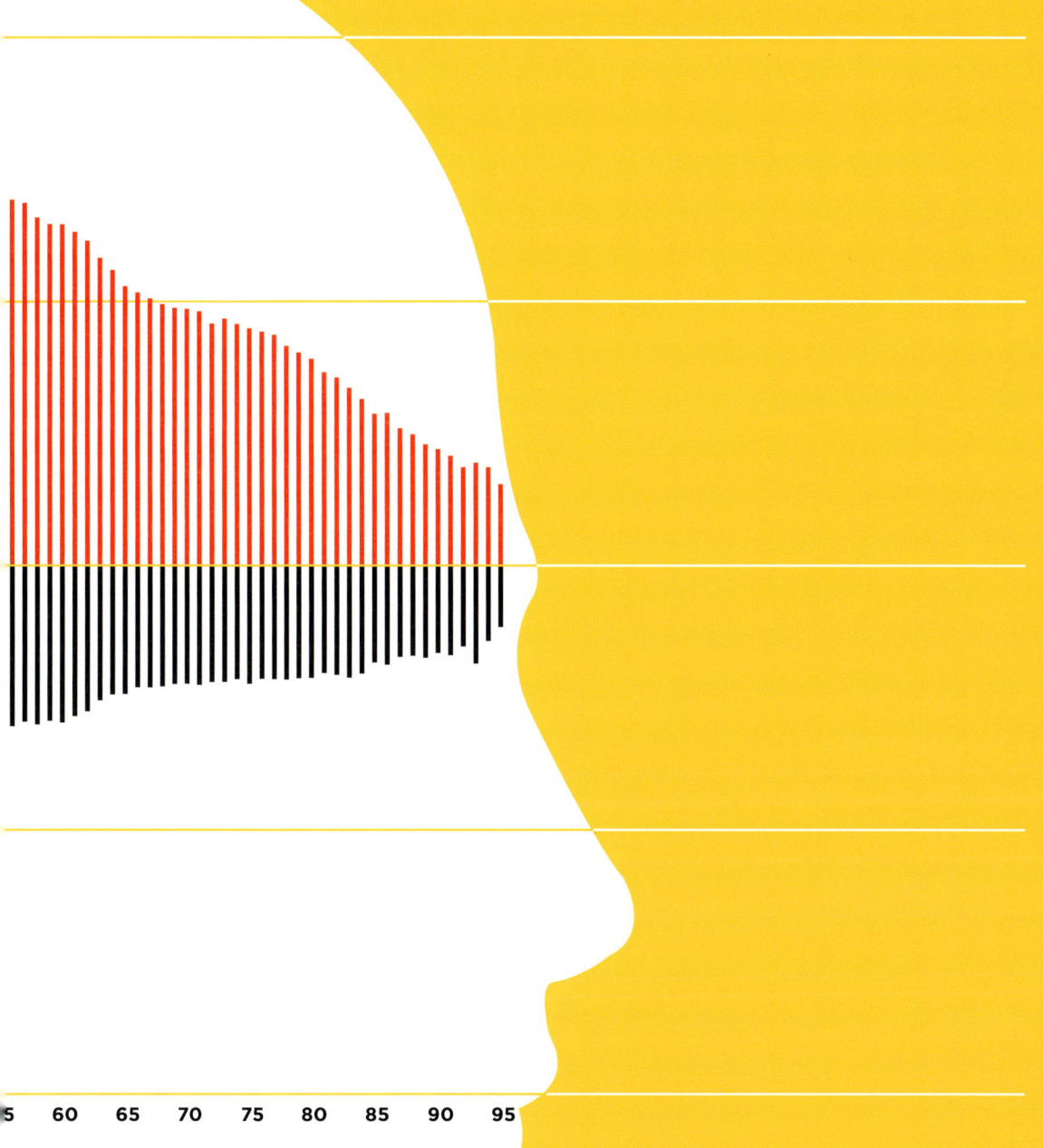

5 60 65 70 75 80 85 90 95

Stand: 2015

Gegen Ausländer, ohne Ausländer

In Europa sind die Stimmanteile für extrem rechte Parteien hoch –
zum Teil auch dort, wo es fast keine Migranten gibt.

**Stimmanteile in Prozent
für extrem rechte Parteien
bei der letzten Wahl**

**Immigrantenanteil
in Prozent**

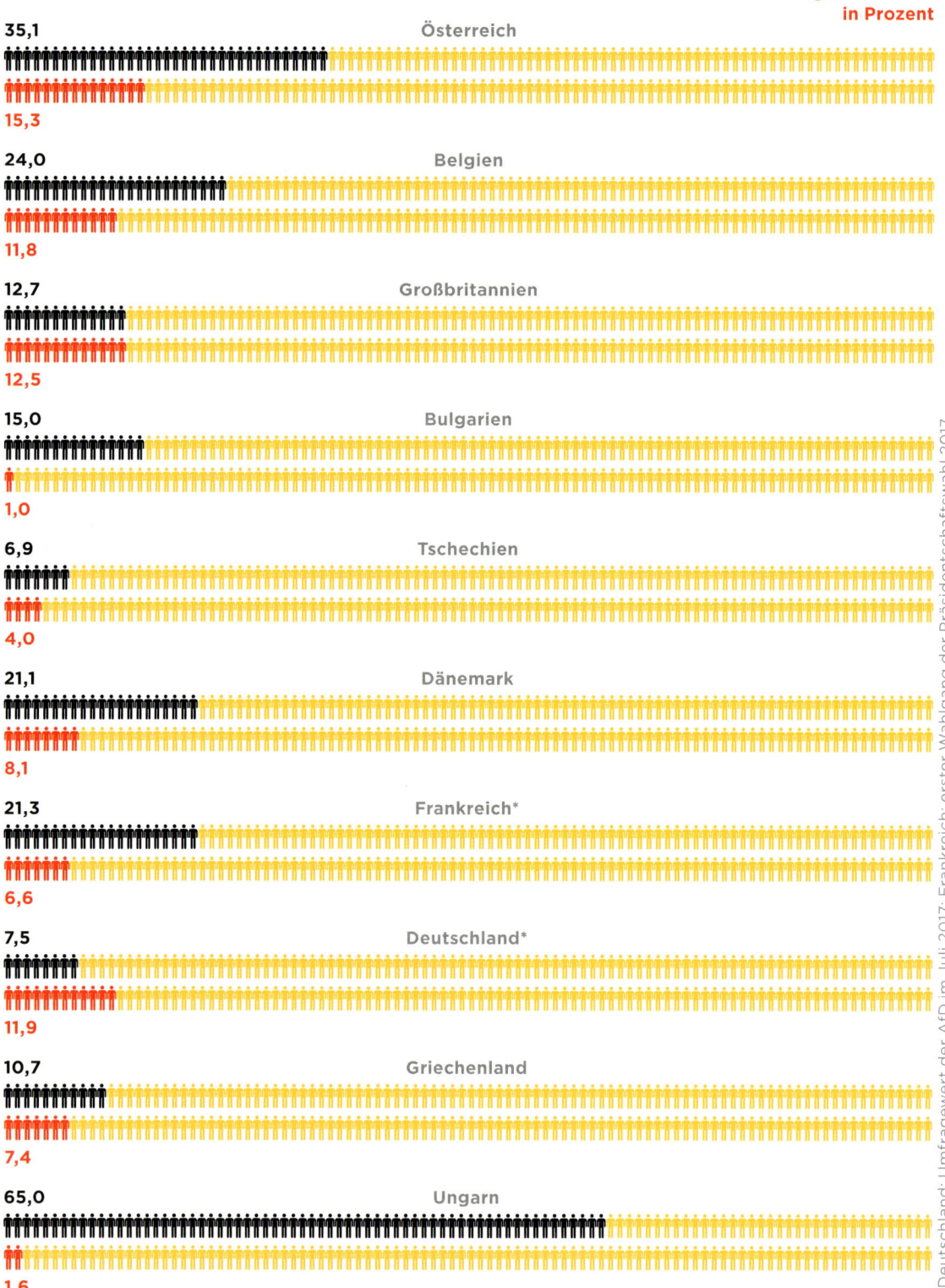

35,1 Österreich

15,3

24,0 Belgien

11,8

12,7 Großbritannien

12,5

15,0 Bulgarien

1,0

6,9 Tschechien

4,0

21,1 Dänemark

8,1

21,3 Frankreich*

6,6

7,5 Deutschland*

11,9

10,7 Griechenland

7,4

65,0 Ungarn

1,6

*Deutschland: Umfragewert der AfD im Juli 2017; Frankreich: erster Wahlgang der Präsidentschaftswahl 2017

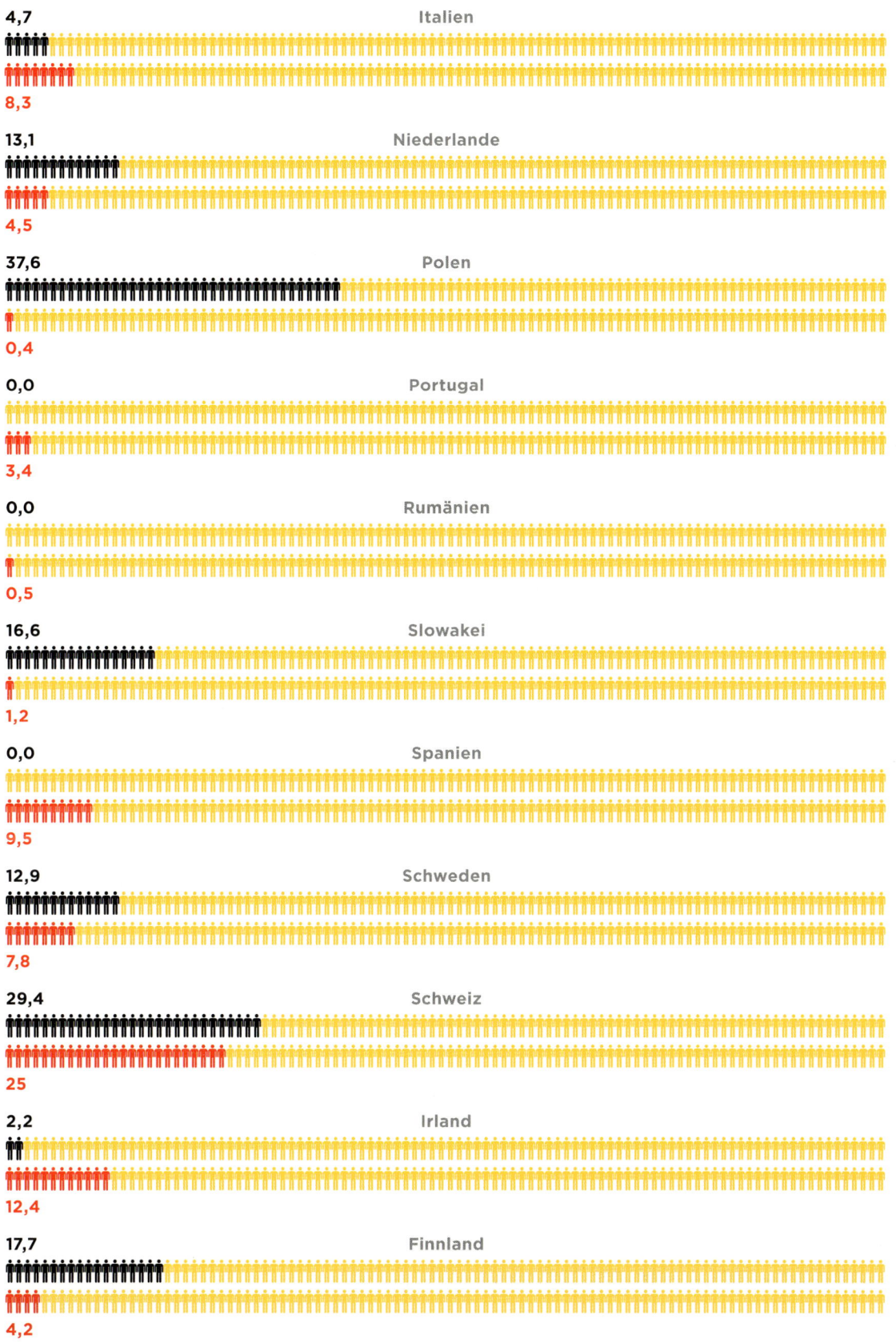

4,7 Italien
8,3

13,1 Niederlande
4,5

37,6 Polen
0,4

0,0 Portugal
3,4

0,0 Rumänien
0,5

16,6 Slowakei
1,2

0,0 Spanien
9,5

12,9 Schweden
7,8

29,4 Schweiz
25

2,2 Irland
12,4

17,7 Finnland
4,2

Jahre bis zur Freilassung

**Wie viele Jahre haben Todeskandidaten in den
USA, die schließlich freigesprochen wurden,
im Schnitt unschuldig im Gefängnis gesessen?**

Schwarze
13,6

Weiße
9,1

Deutschland exportiert

An welche Nationen liefern deutsche Firmen Waffen?

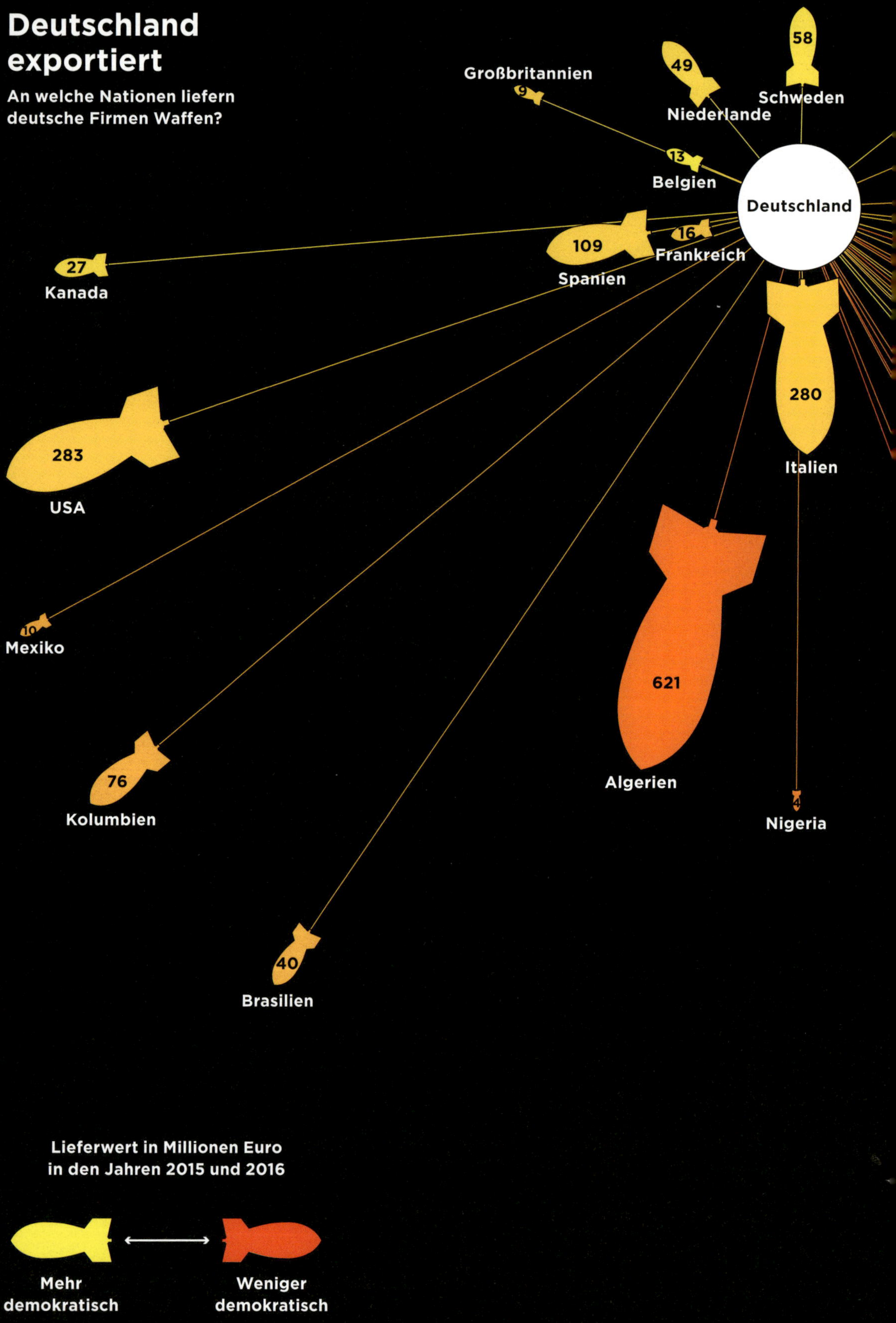

Großbritannien
9

49
Niederlande

58
Schweden

13
Belgien

Deutschland

16
Frankreich

109
Spanien

27
Kanada

280
Italien

283
USA

10
Mexiko

621
Algerien

4
Nigeria

76
Kolumbien

40
Brasilien

**Lieferwert in Millionen Euro
in den Jahren 2015 und 2016**

Mehr
demokratisch

Weniger
demokratisch

Finnland 8

Litauen 9

Polen

67

838

22
Kroatien

Griechenland

Albanien 7

Türkei 16

Japan 5

China 17

680

Südkorea

Kasachstan 20

325

Israel

Turkmenistan 16

Jordanien 13

Myanmar 8

Irak 16

196

Ägypten

335

67

Indien

58

Thailand

141

Indonesien

Saudi-Arabien 16

Katar

31
VAE

Singapur 3

55

Malaysia

41

Australien

Versunkenes Sylt

Wie sieht die Insel aus, wenn der Meeresspiegel ansteigt?

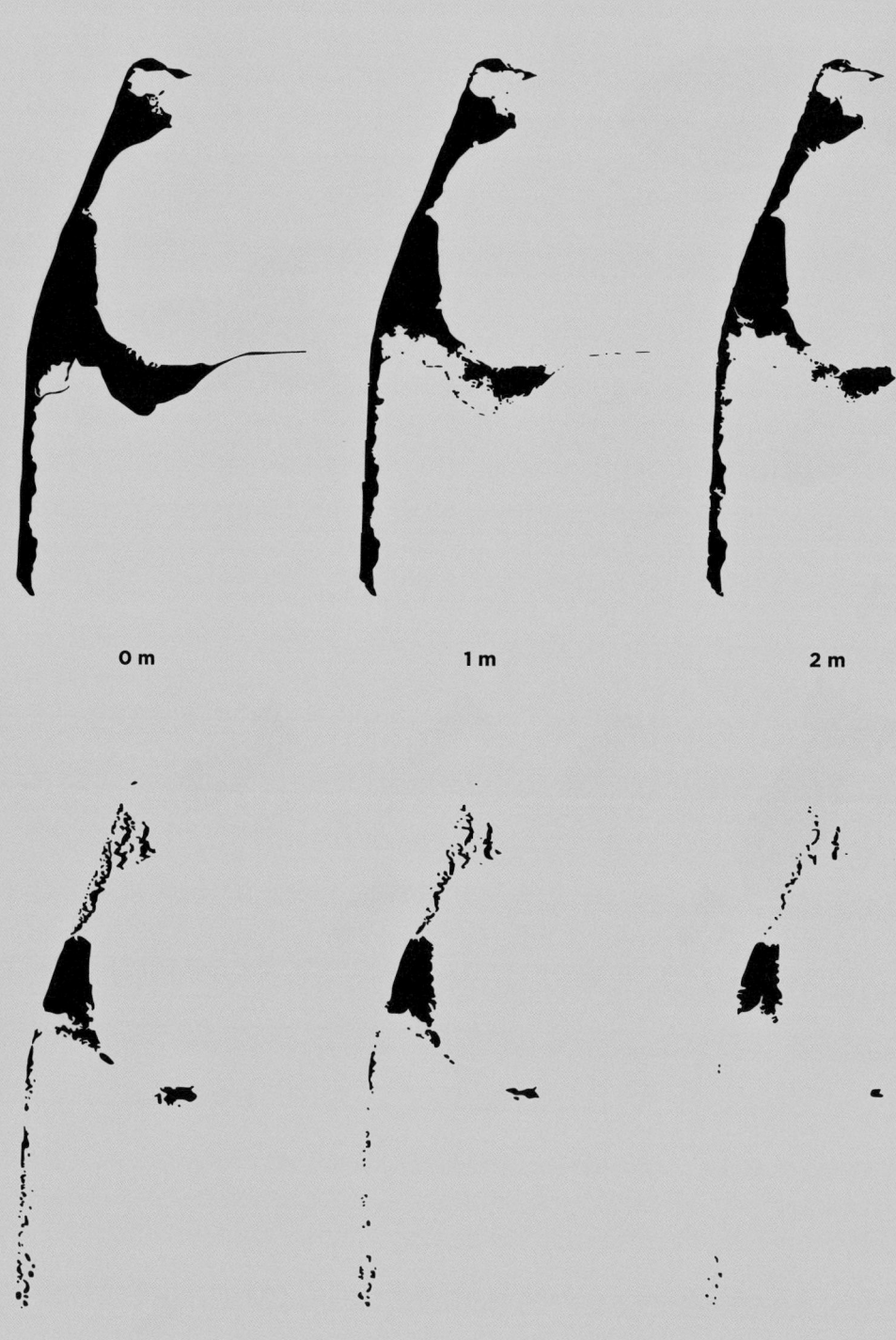

0 m   1 m   2 m

7 m   9 m   13 m

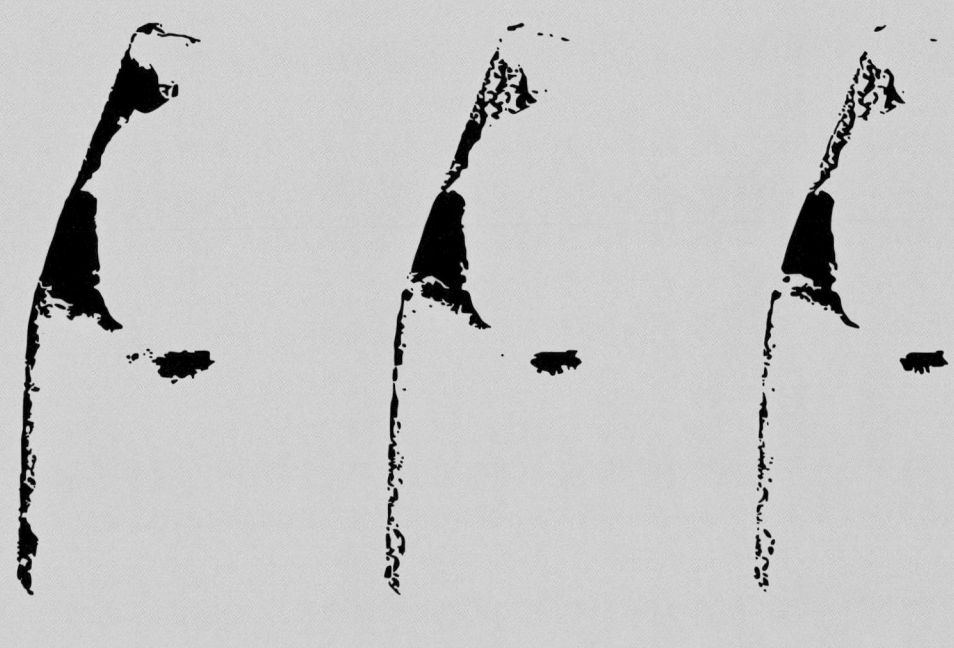

3 m   **5 m**   **6 m**

20 m   **30 m**   **40 m**

Muss Hunger sein?

Kalorienzahl, die ein Mensch
im Durchschnitt täglich zum
Leben benötigt: 1800 kcal

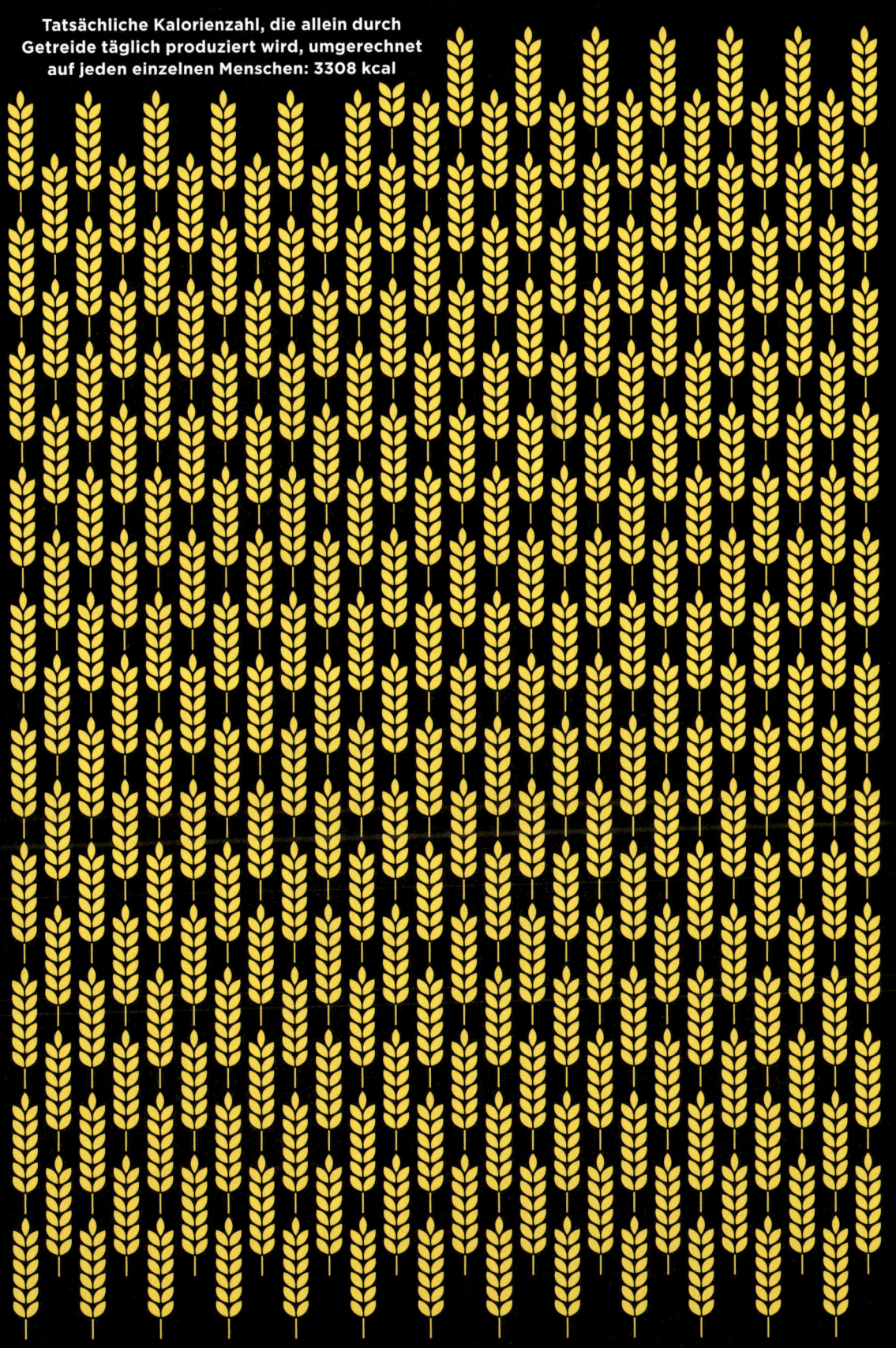

Tatsächliche Kalorienzahl, die allein durch
Getreide täglich produziert wird, umgerechnet
auf jeden einzelnen Menschen: 3308 kcal

Im letzten Jahr von der Polizei kontrolliert ...

Stand: 2010

24 %
Bevölkerung mit
türkischen Wurzeln

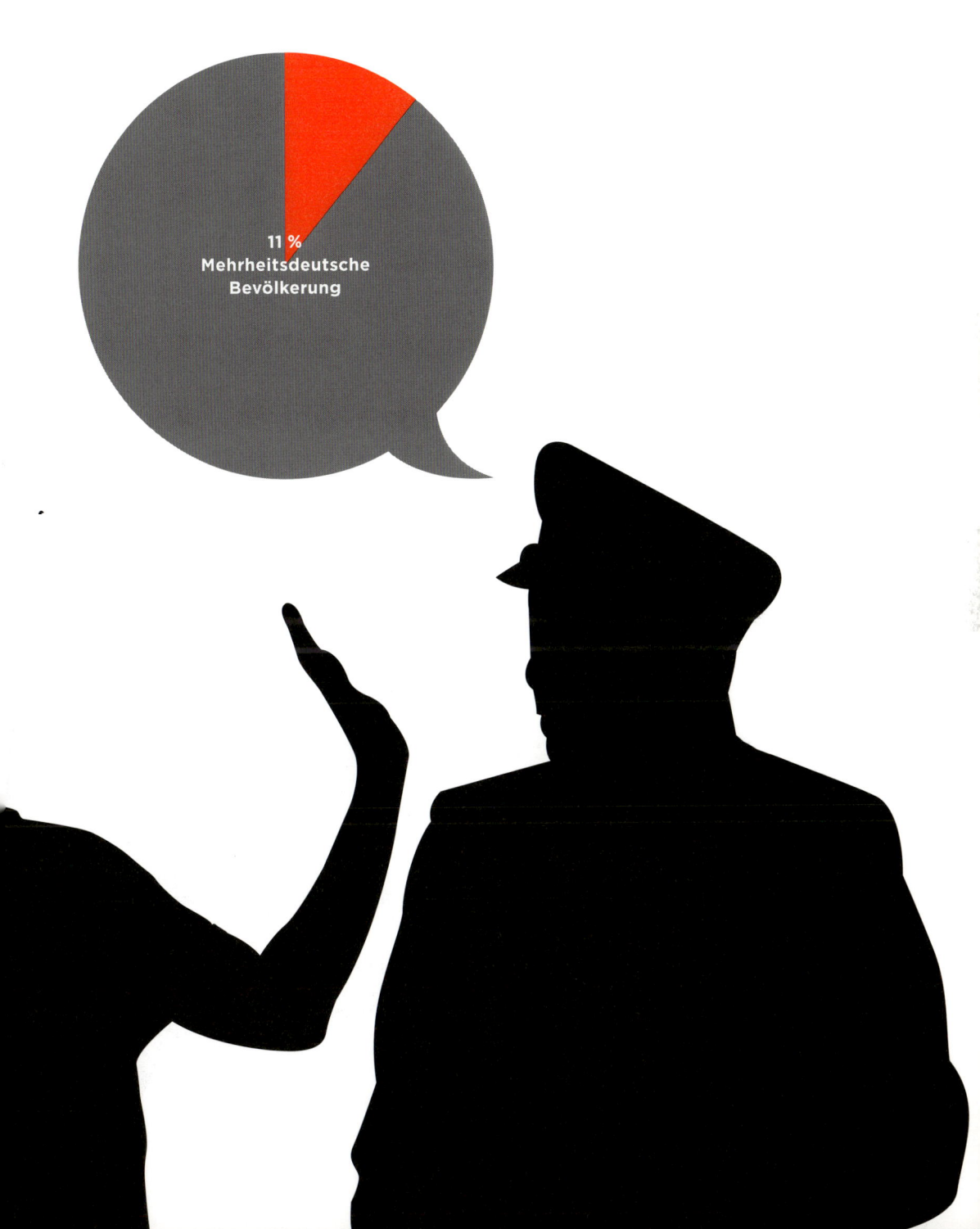

Schlechte Luft

Wo wird der Grenzwert für Stickoxide in Deutschland überschritten?

Stickoxide in µg/m3

50 µg ist der Grenzwert für Stickoxide in Deutschland

| 0–5 | >5 | >10 | >15 | >20 | >25 | >30 | >35 | >40 | >45 | >50 | >55 | >60 |

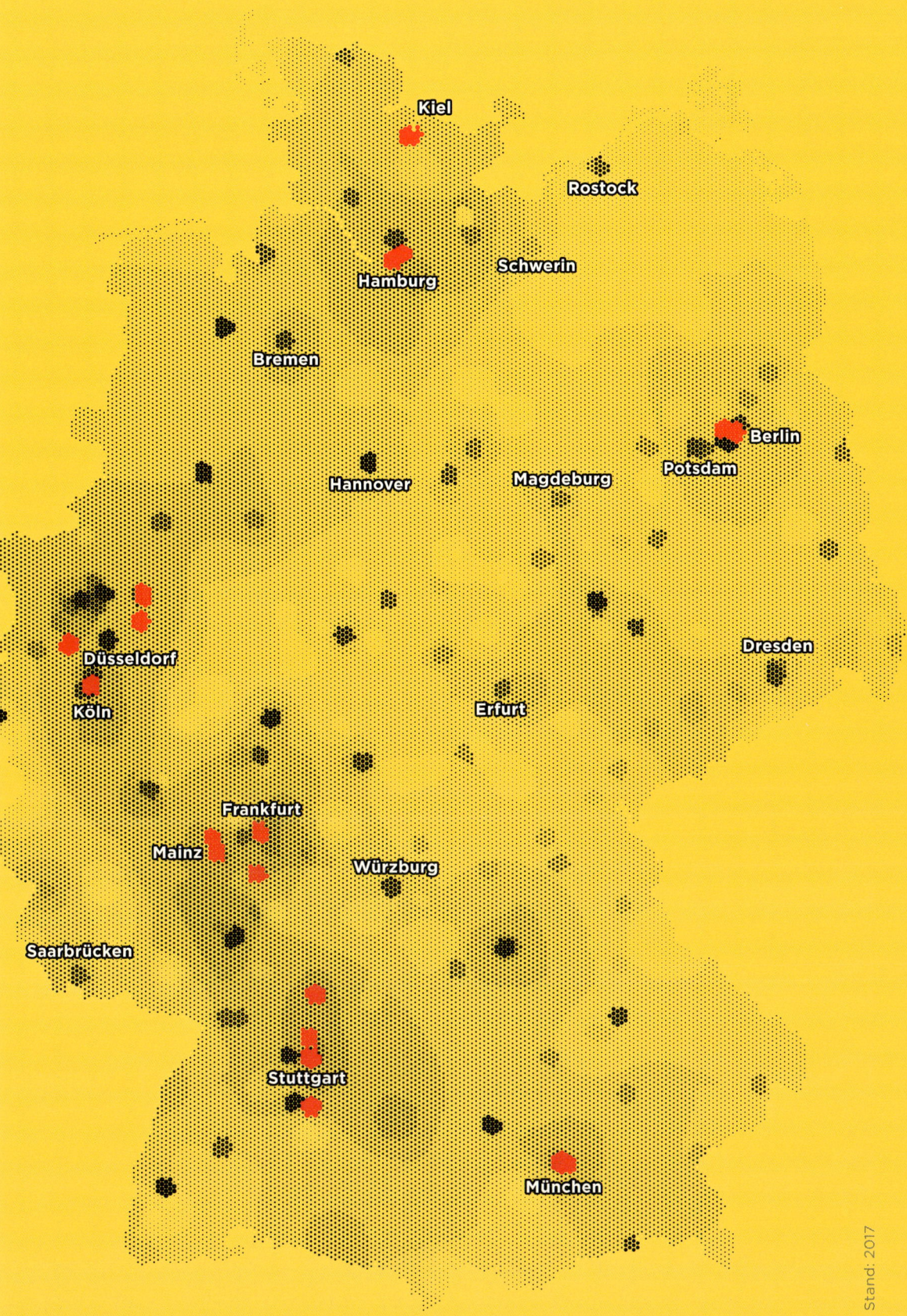

Kiel

Rostock

Schwerin

Hamburg

Bremen

Berlin

Potsdam

Hannover

Magdeburg

Dresden

Düsseldorf

Köln

Erfurt

Frankfurt

Mainz

Würzburg

Saarbrücken

Stuttgart

München

Stand: 2017

Und wenn man ins Krankenhaus muss?

So viele Betten stehen pro 10 000 Einwohner zur Verfügung.

USA
30

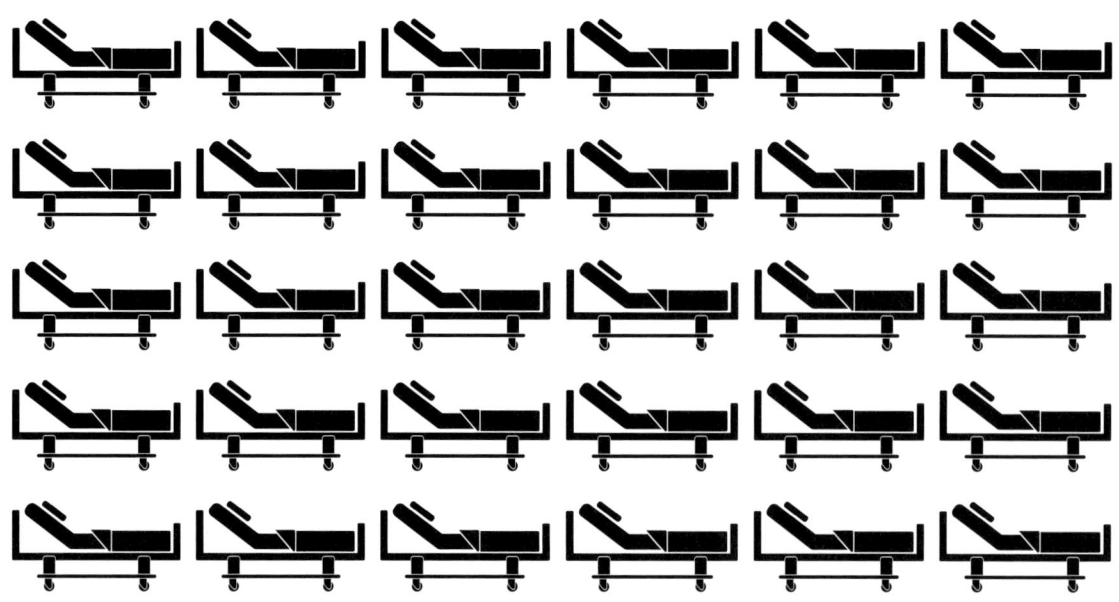

Tote durch Terror

Wo in der Welt gab es die meisten Opfer?

Südasien

Mittlerer Osten und Nordafrika

Westeuropa

3700

2600

2500

1600

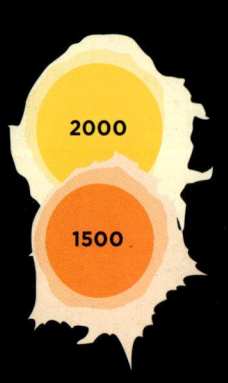

2000

1500

130

100

180

2010

2011

2012

7000

6000

5000

4600

4600

250

220

320

2013

2014

2015

Deutscher Filmpreis

Wie häufig wurden Frauen für die beste Regie ausgezeichnet?

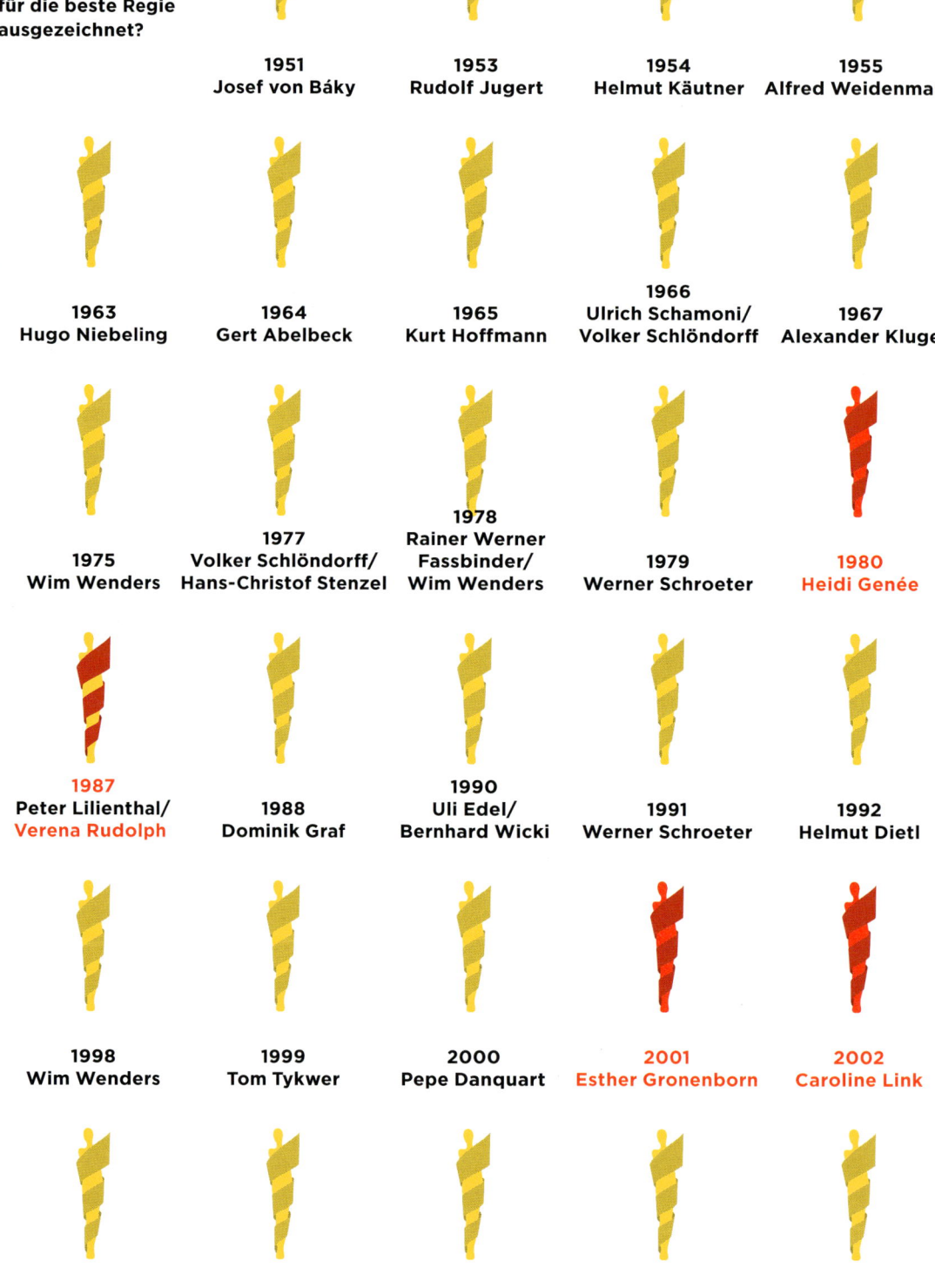

1951 Josef von Báky	**1953** Rudolf Jugert	**1954** Helmut Käutner	**1955** Alfred Weidenmann
1963 Hugo Niebeling	**1964** Gert Abelbeck	**1965** Kurt Hoffmann	**1966** Ulrich Schamoni/ Volker Schlöndorff	**1967** Alexander Kluge
1975 Wim Wenders	**1977** Volker Schlöndorff/ Hans-Christof Stenzel	**1978** Rainer Werner Fassbinder/ Wim Wenders	**1979** Werner Schroeter	**1980** Heidi Genée
1987 Peter Lilienthal/ Verena Rudolph	**1988** Dominik Graf	**1990** Uli Edel/ Bernhard Wicki	**1991** Werner Schroeter	**1992** Helmut Dietl
1998 Wim Wenders	**1999** Tom Tykwer	**2000** Pepe Danquart	**2001** Esther Gronenborn	**2002** Caroline Link
2008 Fatih Akin	**2009** Andreas Dresen	**2010** Michael Haneke	**2011** Tom Tykwer	**2012** Andreas Dresen

1957
Helmut Käutner

1958
Robert Siodmak

1959
Frank Wisbar

1960
Bernhard Wicki

1961
Peter Gorski

1968
Johannes Schaaf

1969
Peter Zadek

1971
Michael Fengler/
Rainer Werner
Fassbinder/
Volker Schlöndorff

1972
Johannes Schaaf/
Bernhard Wicki

1974
Roland Klick

1981
Walter Bockmayer/
Rolf Bührmann

1982
Werner Schroeter

1983
Peter Lilienthal/
Lutz Konermann

1984
Josef Rusnak/
Uwe Schrader

1985
Maria Knilli/
Bernhard Wicki

1993
Adolf Winkelmann

1994
Peter Sehr

1995
Sönke Wortmann

1996
Romuald Karmakar

1997
Helmut Dietl

2003
Wolfgang Becker

2004
Fatih Akin

2005
Dani Levy

2006
Florian Henckel
von Donnersmarck

2007
Marcus H.
Rosenmüller

2013
Jan-Ole Gerster

2014
Edgar Reitz

2015
Sebastian Schipper

2016
Lars Kraume

2017
Maren Ade

Lebensmittel für Kinder

Wie viel Prozent der für Kinder beworbenen Speisen sind laut Weltgesundheitsorganisation WHO tatsächlich für Kinder geeignet?

Burger King
23,1

Coca-Cola
0

Lorenz Snack-World
0

Ferrero
0

McDonald's
31,8

Nestlé
26,2

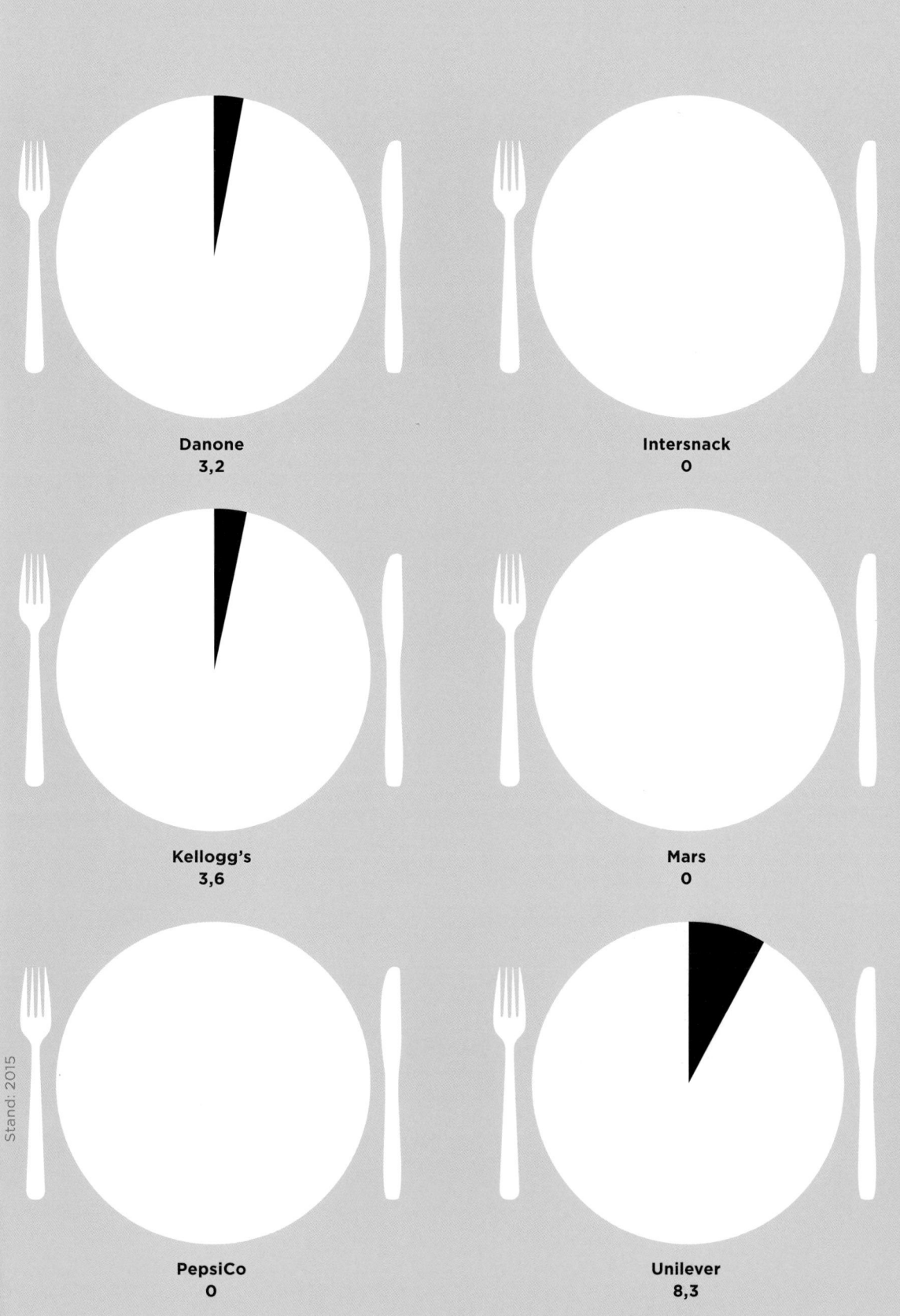

Stand: 2015

Danone
3,2

Intersnack
0

Kellogg's
3,6

Mars
0

PepsiCo
0

Unilever
8,3

Halbe-halbe

0,011
Prozent der
Weltbevölkerung
besitzen die
eine Hälfte
des Vermögens

99,989
Prozent der
Weltbevölkerung
besitzen die
andere Hälfte
des Vermögens

Stand: 2016

Schnelle Behörde, langsame Behörde

**Wie lange dauert es, bis Familien von Flüchtlingen nachziehen dürfen –
im Vergleich zu einer Kraftfahrzeug-Anmeldung?**

16 Tage
durchschnittliche Wartezeit inklusive
maximaler Bearbeitungszeit einer
Kfz-Anmeldung in Berlin.

Stand: 2017

365 Tage und mehr

Mindestens 12 Monate dauert die Wartezeit auf einen Vorsprech-
termin derzeit in der deutschen Botschaft im Libanon für Eltern,
die legal zu ihren minderjährigen Kindern in Deutschland einreisen
wollen, 4 Monate beträgt danach die Bearbeitungszeit des Antrags.

Weibliche Beschneidung

Wie viel Prozent aller Mädchen und Frauen wurden die Genitalien verstümmelt?

Kamerun
1

Ghana
4

Irak
8

Äthiopien
74

Ägypten
87

Sudan
87

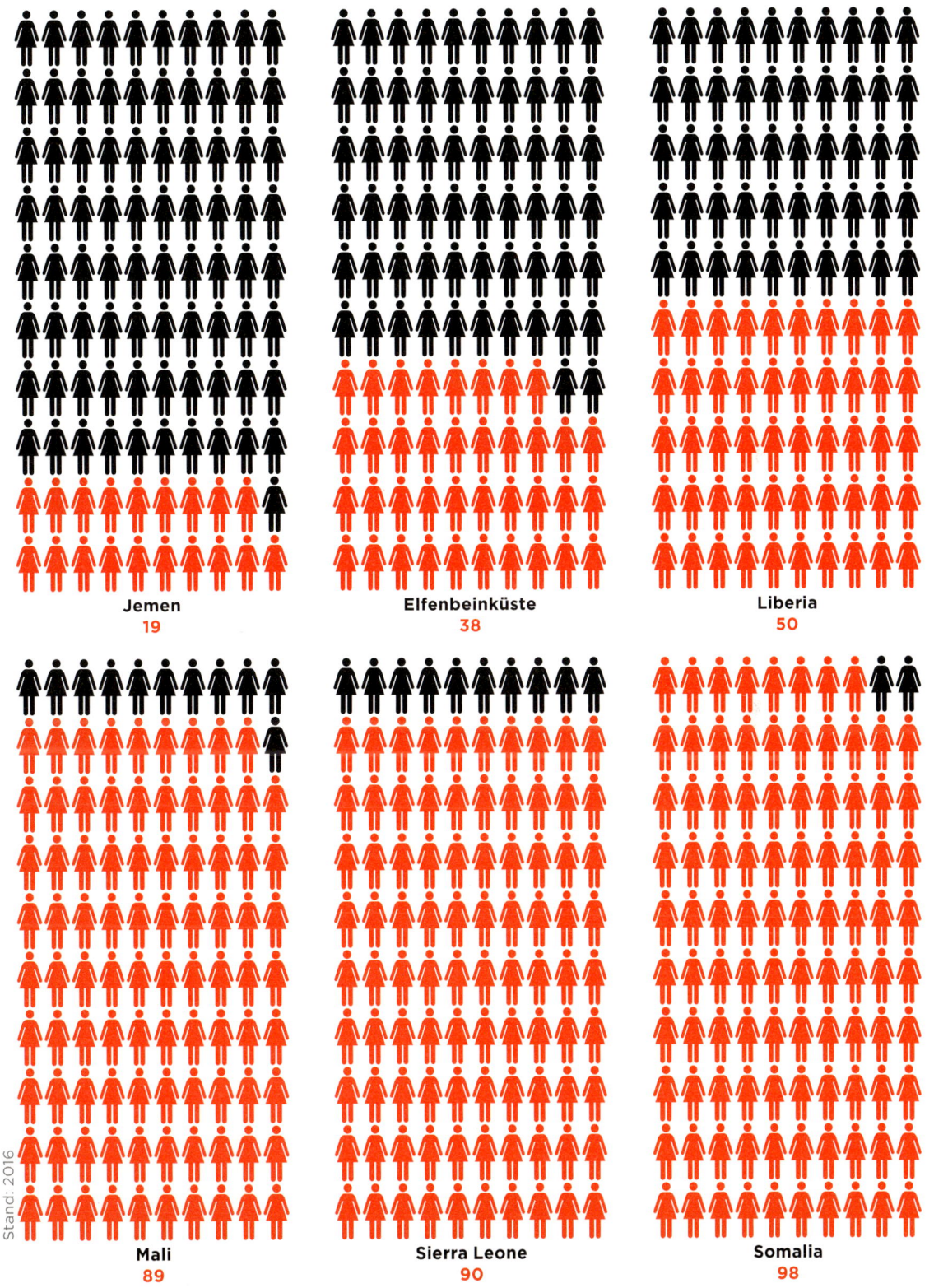

Jemen
19

Elfenbeinküste
38

Liberia
50

Mali
89

Sierra Leone
90

Somalia
98

Stand: 2016

Mineralwasser

Wie hoch ist der Anteil von Pfand-Glasflaschen in Deutschland?

23,4% Glas-Mehrweg

0,5% Sonstige

19,3% PET-Mehrweg

56,8% Plastik-Einweg

Marktanteile 2016

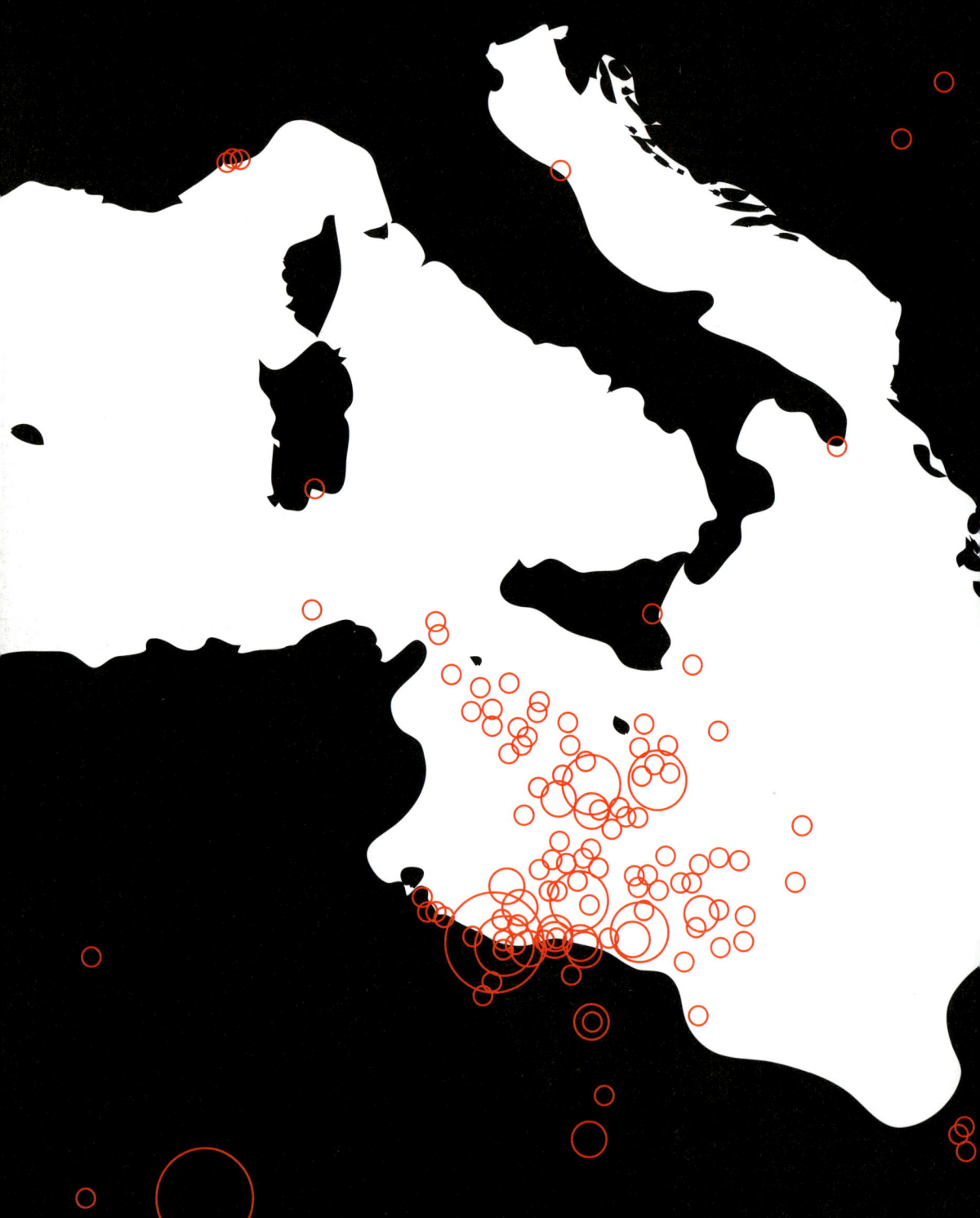

Tödliche Flucht

Wo Menschen auf dem Weg nach Europa 2016 starben

1 Toter   204 Tote

Kostenexplosionen

Bauprojekte, die erheblich teurer wurden als geplant

geplant — in Millionen Euro — reale Kosten mindestens

Sanierung Pergamonmuseum Berlin
261
477

St. Pauli-Elbtunnel Hamburg
17
100

Elbphilharmonie Hamburg
352
865

Flughafen BER Berlin
1000
5400

Stuttgart 21
2460
6400

Hochmoselbrücke
Rheinland-Pfalz
285
466

Landesarchiv
Duisburg
30
190

Sanierung
Oper
Köln
230
460

Ungleiche Preise

In England ist die Bahn privatisiert, in Deutschland nicht. Was kostet ein Ticket für ungefähr die gleiche Strecke?

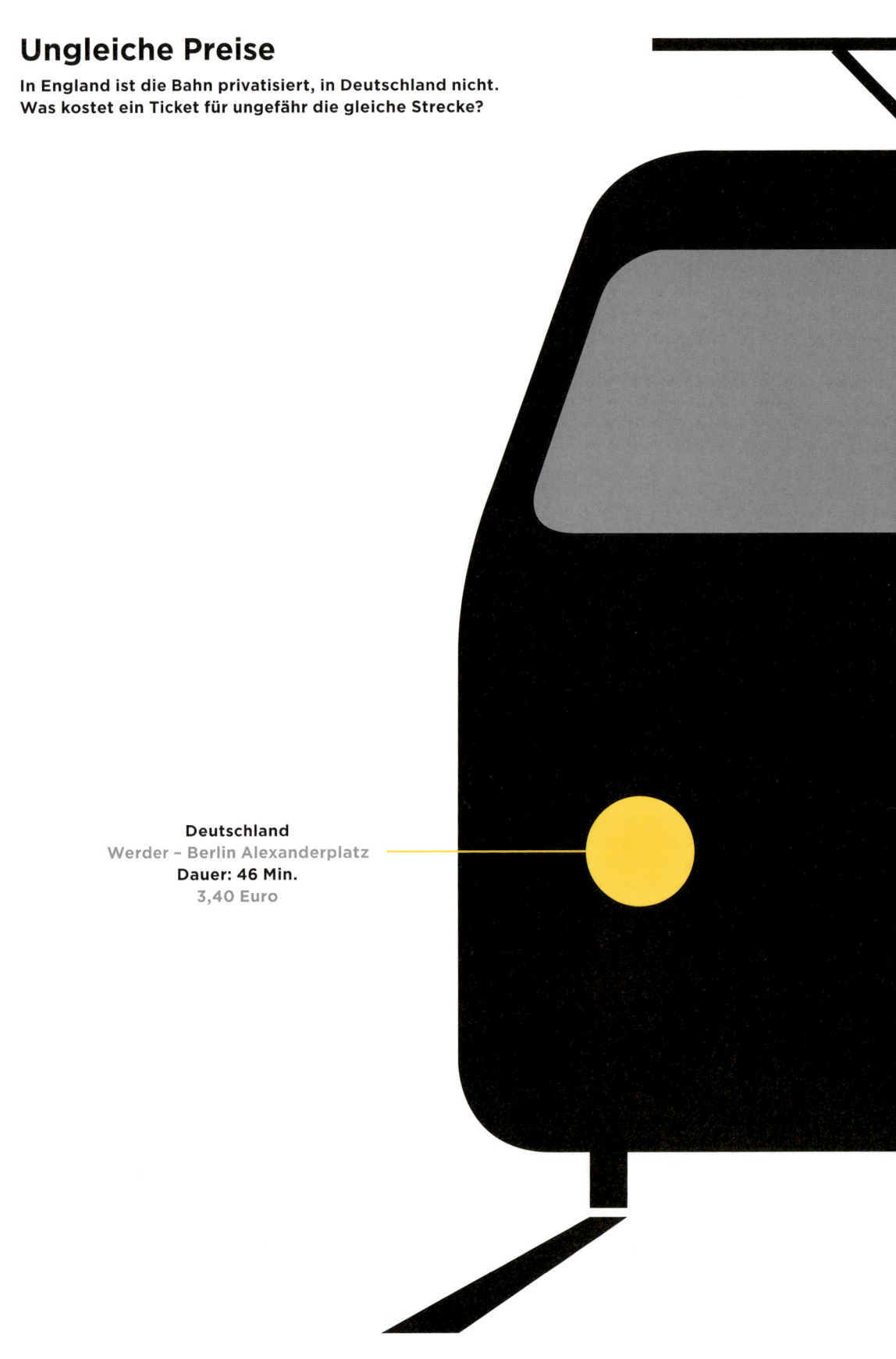

Deutschland
Werder – Berlin Alexanderplatz
Dauer: 46 Min.
3,40 Euro

England
Newbury – London Paddington
Dauer: 43 Min.
27,90 Euro

Künstlicher Traum in Weiß

Welcher Anteil der Skipisten in den Alpen wird künstlich beschneit?

Schweiz
22.439
41

Frankreich
26 500
26

Land
Pistenfläche in Hektar
davon beschneibar in Prozent

Deutschland
3700
20

Liechtenstein
138
60

Österreich
25 400
70

Slowenien
1200
75

Italien
22 500
70

Stand: 2015

Wessen Arbeit ist wie viel wert?

Durchschnittlicher Bruttostundenlohn in Deutschland

**Erzieher/Sozialarbeiter
16,50 Euro**

Pilot
61,02 Euro

vollständige
Demokratien

Finnland

Schweden

Dänemark

Deutschland

Niederlande

Vereinigtes Königreich

Irland

Luxemburg

Österreich

Spanien

Malta

Lupenreine Demokratien

laut Demokratie-Index des *Economist*:
Welche Länder der EU bekommen die Bestnote?
Welche funktionieren nur eingeschränkt?

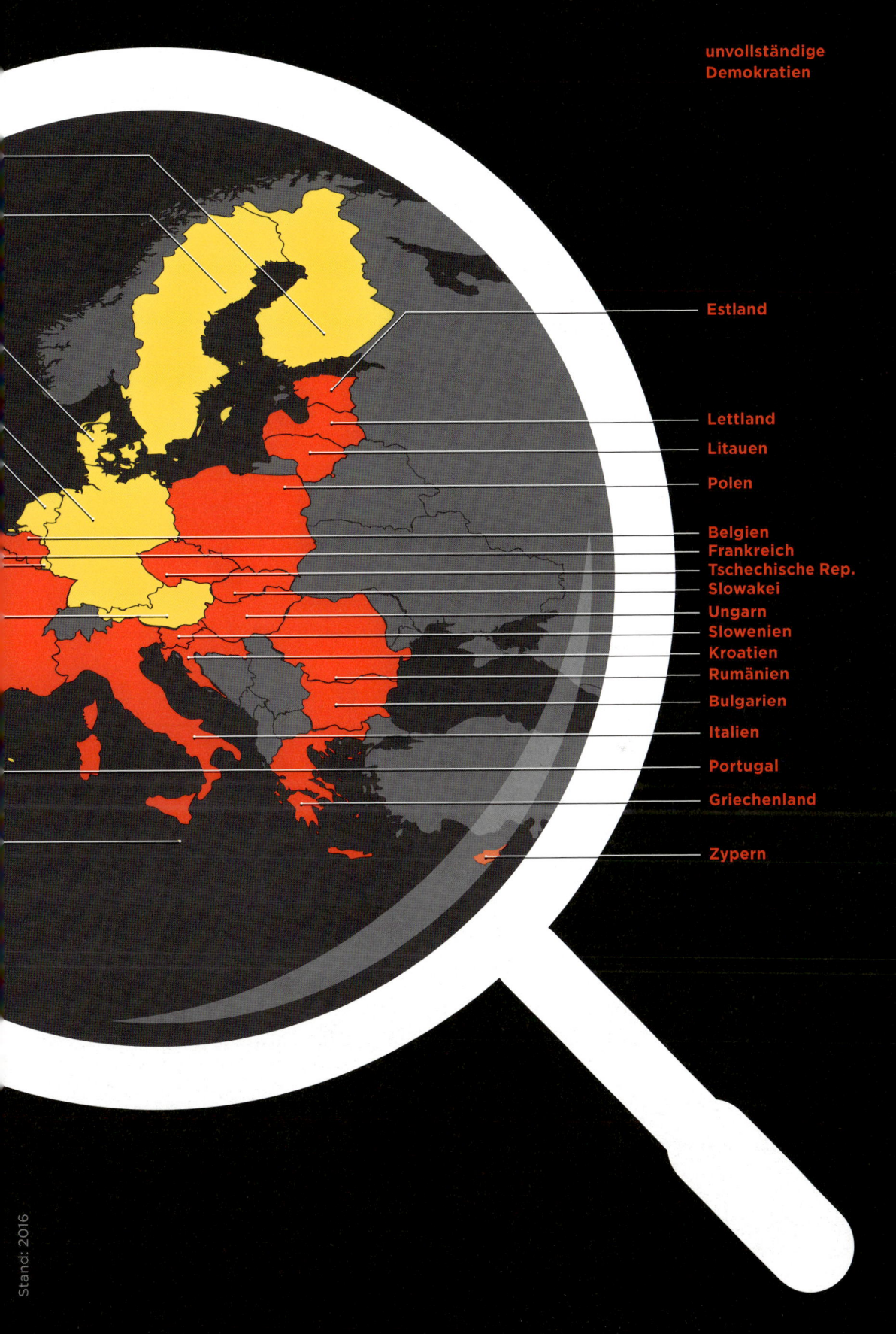

unvollständige
Demokratien

Estland

Lettland
Litauen
Polen

Belgien
Frankreich
Tschechische Rep.
Slowakei
Ungarn
Slowenien
Kroatien
Rumänien
Bulgarien

Italien

Portugal

Griechenland

Zypern

Stand: 2016

Gift und Herkunft

Wie stark sind Obst und Gemüse mit Pflanzenschutzmitteln belastet?

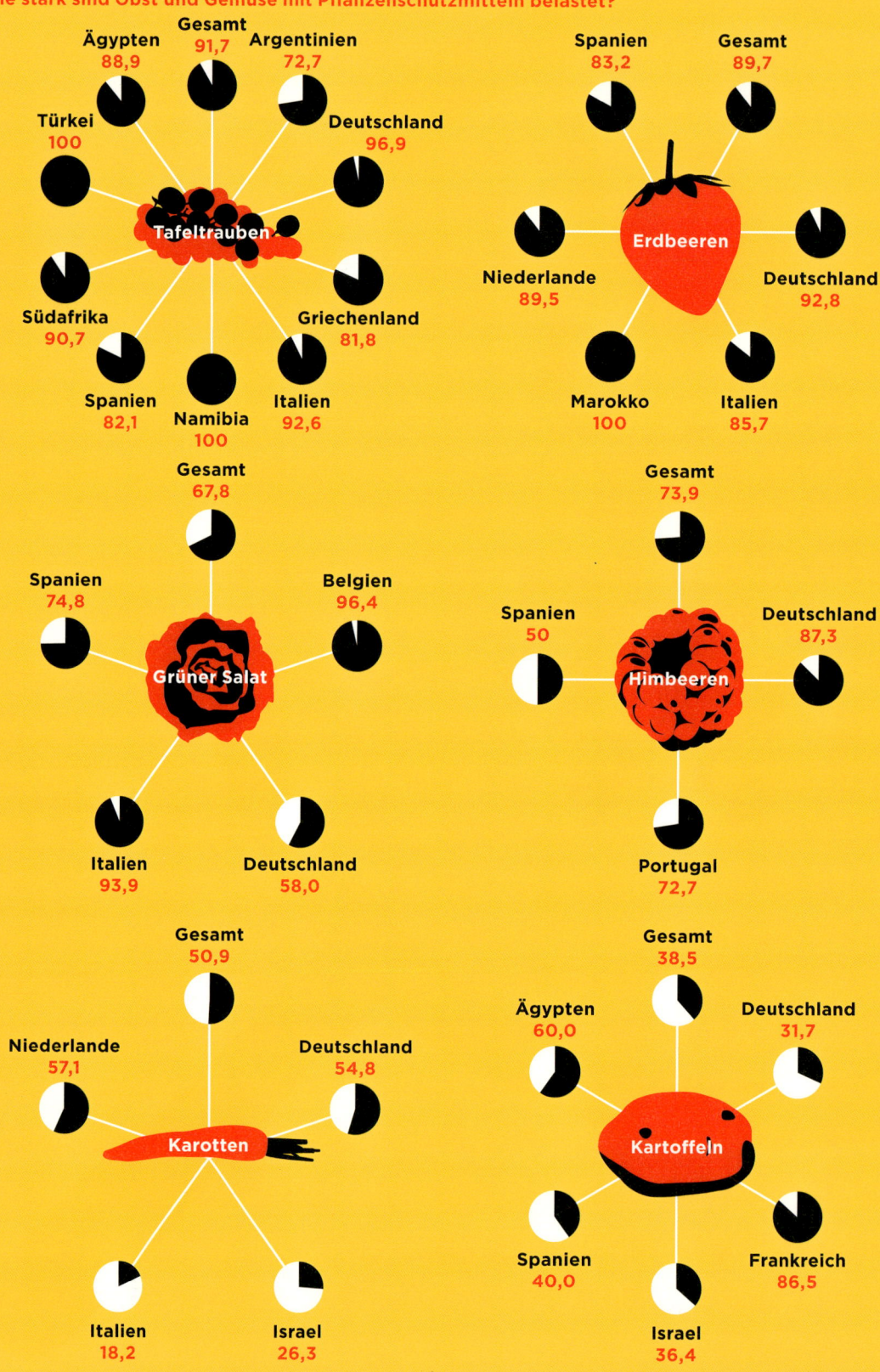

Tafeltrauben

Ägypten 88,9
Gesamt 91,7
Argentinien 72,7
Türkei 100
Deutschland 96,9
Südafrika 90,7
Griechenland 81,8
Spanien 82,1
Namibia 100
Italien 92,6

Erdbeeren

Spanien 83,2
Gesamt 89,7
Niederlande 89,5
Deutschland 92,8
Marokko 100
Italien 85,7

Grüner Salat

Gesamt 67,8
Spanien 74,8
Belgien 96,4
Italien 93,9
Deutschland 58,0

Himbeeren

Gesamt 73,9
Spanien 50
Deutschland 87,3
Portugal 72,7

Karotten

Gesamt 50,9
Niederlande 57,1
Deutschland 54,8
Italien 18,2
Israel 26,3

Kartoffeln

Gesamt 38,5
Ägypten 60,0
Deutschland 31,7
Spanien 40,0
Frankreich 86,5
Israel 36,4

Anteil der belasteten Proben in Prozent

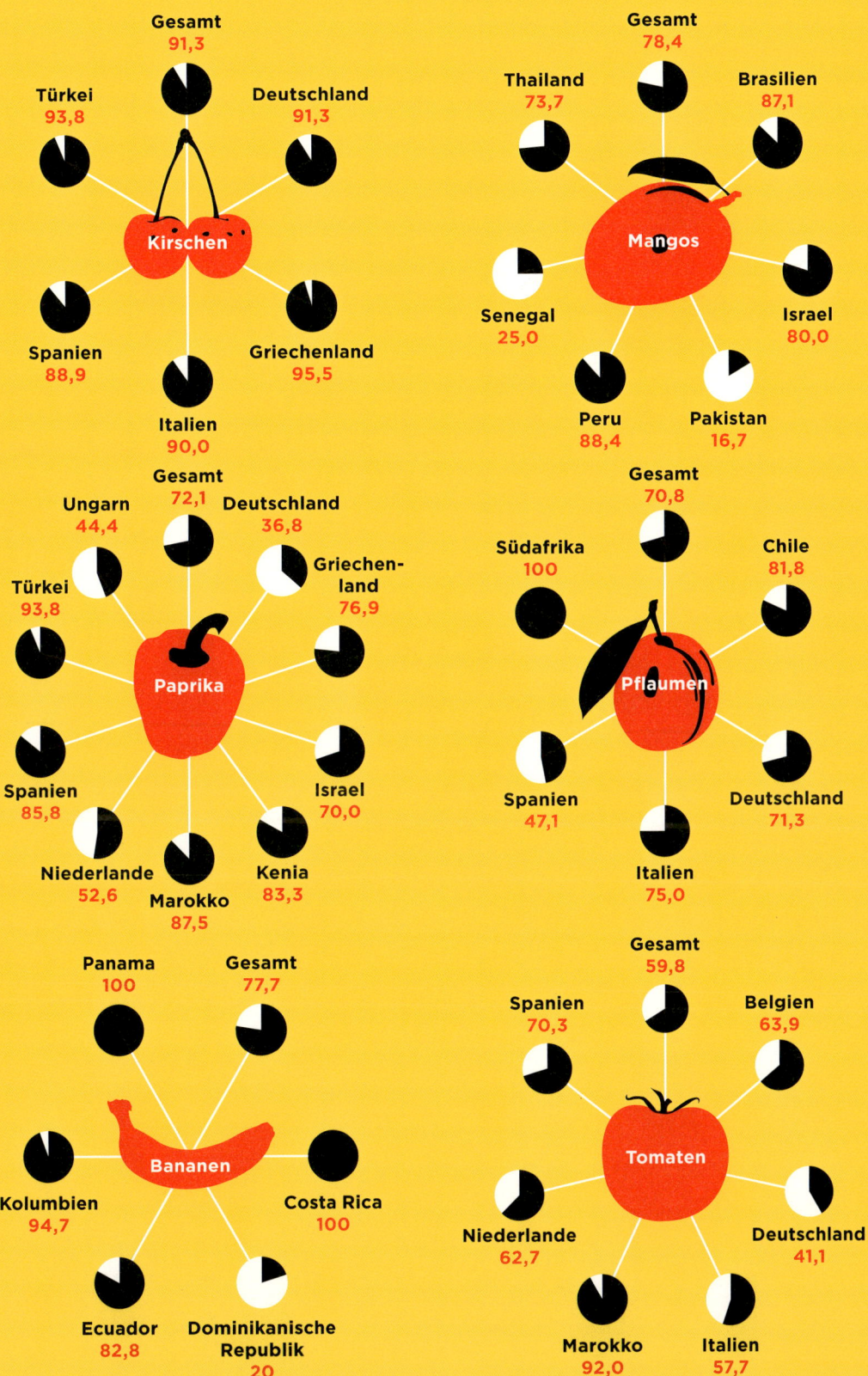

Kirschen
- Gesamt 91,3
- Türkei 93,8
- Deutschland 91,3
- Griechenland 95,5
- Italien 90,0
- Spanien 88,9

Mangos
- Gesamt 78,4
- Thailand 73,7
- Brasilien 87,1
- Israel 80,0
- Pakistan 16,7
- Peru 88,4
- Senegal 25,0

Paprika
- Gesamt 72,1
- Ungarn 44,4
- Deutschland 36,8
- Griechenland 76,9
- Israel 70,0
- Kenia 83,3
- Marokko 87,5
- Niederlande 52,6
- Spanien 85,8
- Türkei 93,8

Pflaumen
- Gesamt 70,8
- Südafrika 100
- Chile 81,8
- Deutschland 71,3
- Italien 75,0
- Spanien 47,1

Bananen
- Panama 100
- Gesamt 77,7
- Costa Rica 100
- Dominikanische Republik 20
- Ecuador 82,8
- Kolumbien 94,7

Tomaten
- Gesamt 59,8
- Spanien 70,3
- Belgien 63,9
- Deutschland 41,1
- Italien 57,7
- Marokko 92,0
- Niederlande 62,7

Stand: 2015

Drohnentote unter Obama

Anzahl der Menschen, die während Obamas
Amtszeit durch Drohnen getötet wurden

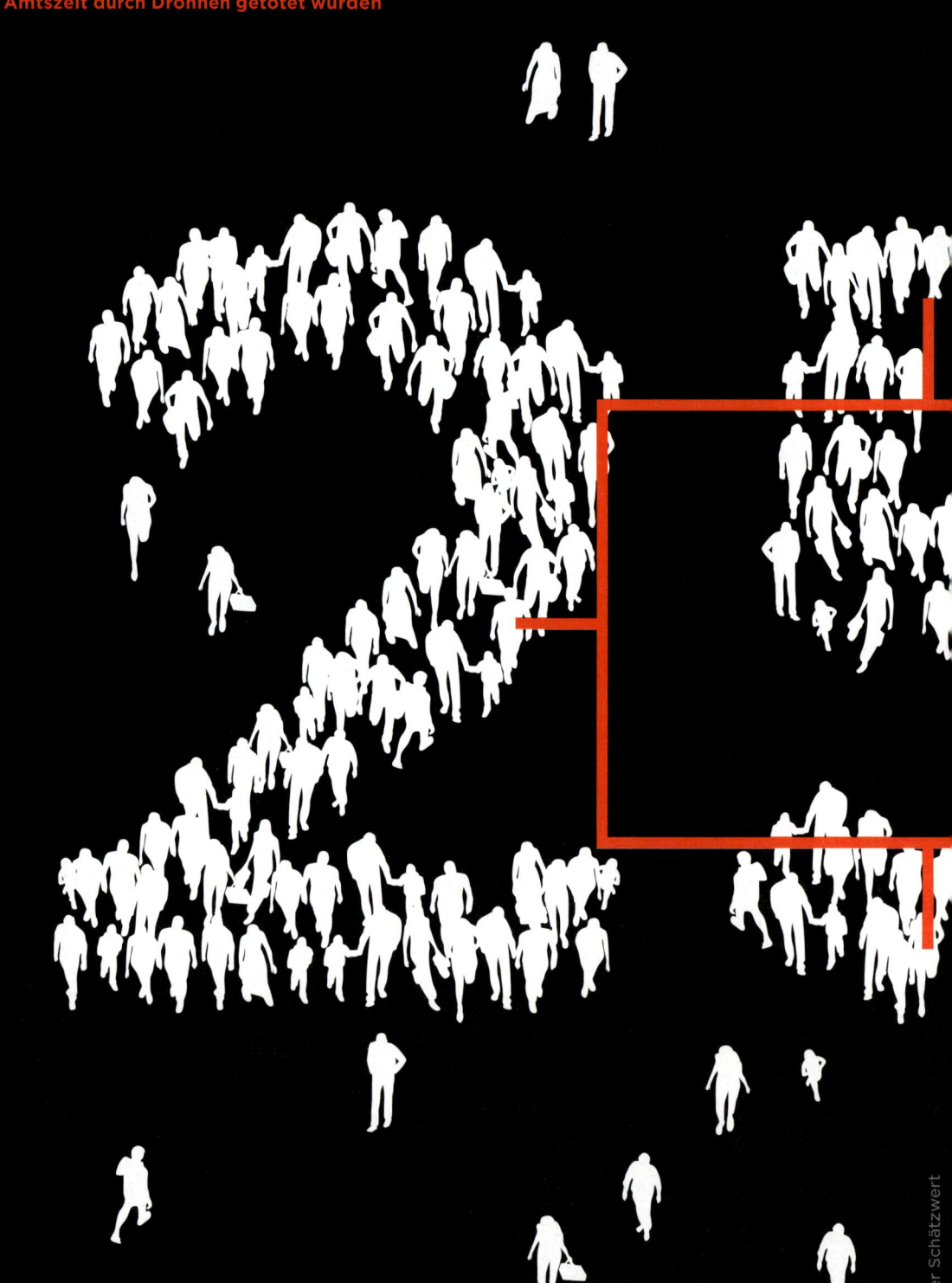

Scheren des Reichtums

Wie ungleich sind Vermögen in den einzelnen Ländern verteilt?
Je höher der sogenannte Gini-Index ist, desto ungleicher ist die Verteilung.

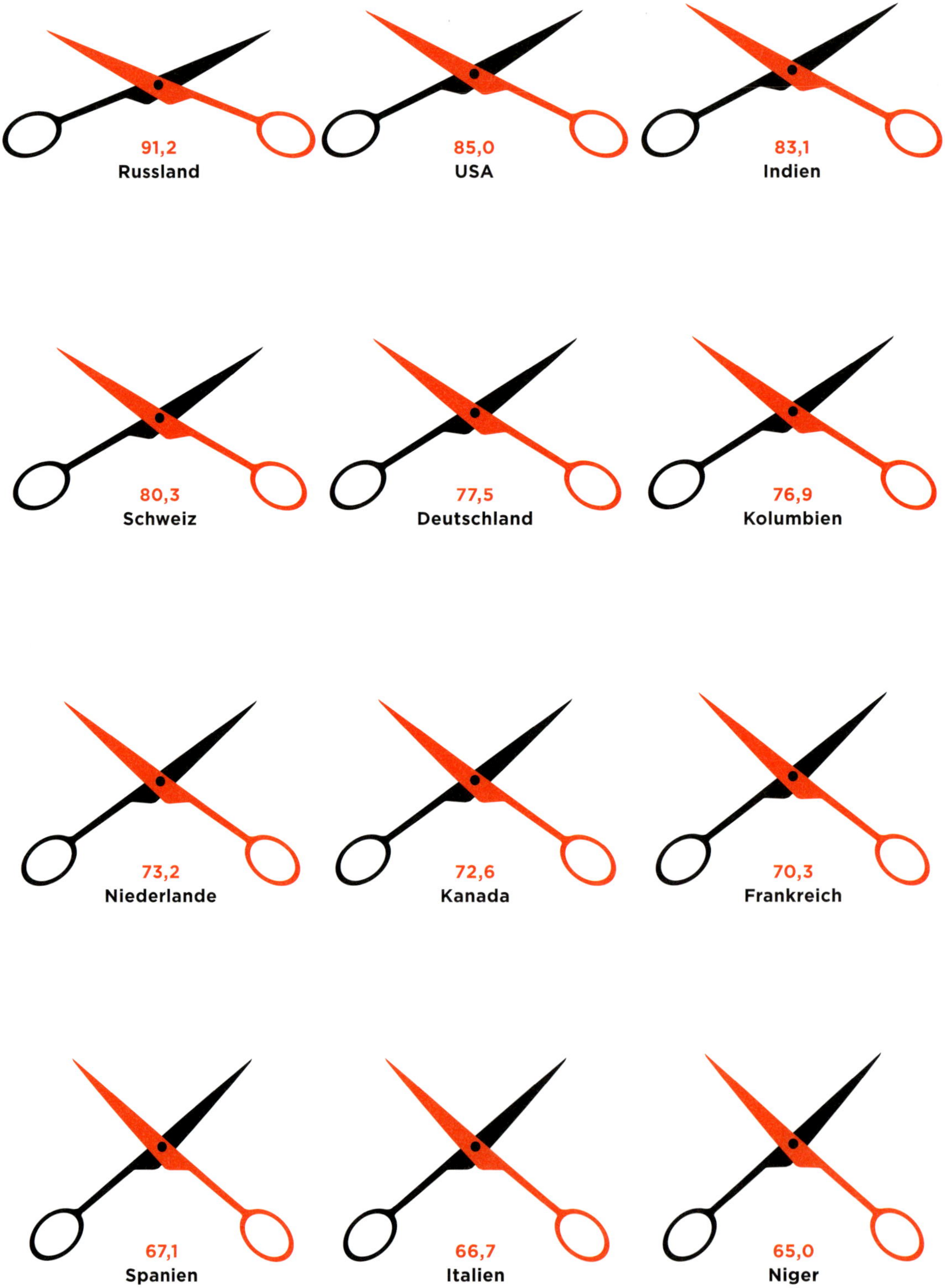

91,2
Russland

85,0
USA

83,1
Indien

80,3
Schweiz

77,5
Deutschland

76,9
Kolumbien

73,2
Niederlande

72,6
Kanada

70,3
Frankreich

67,1
Spanien

66,7
Italien

65,0
Niger

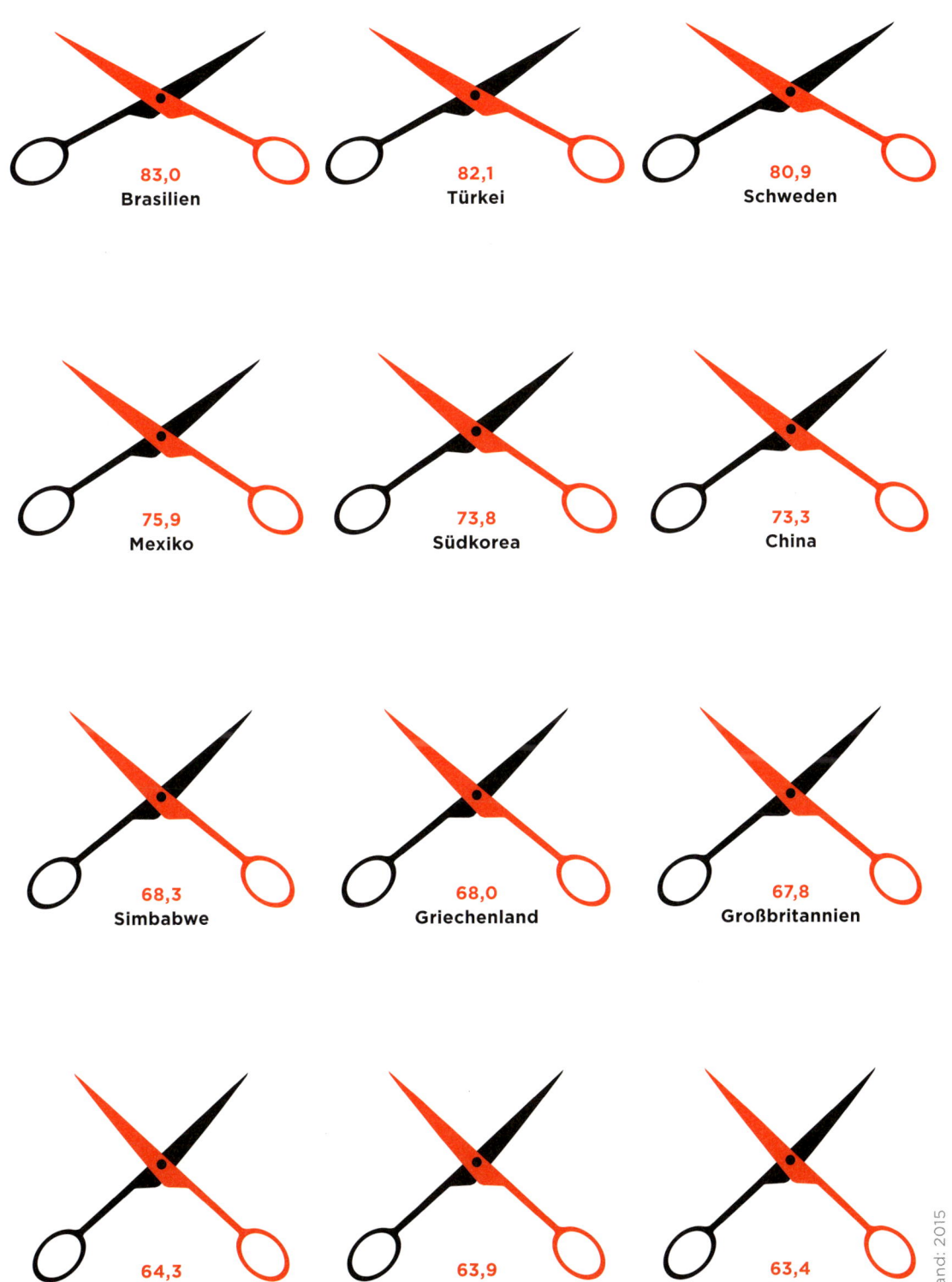

83,0
Brasilien

82,1
Türkei

80,9
Schweden

75,9
Mexiko

73,8
Südkorea

73,3
China

68,3
Simbabwe

68,0
Griechenland

67,8
Großbritannien

64,3
Vietnam

63,9
Australien

63,4
Japan

Stand: 2015

Wie tödlich ist das HI-Virus?

Das hängt auch davon ab, in welchem Land man lebt.

Deutschland

HIV-Infizierte
83 400

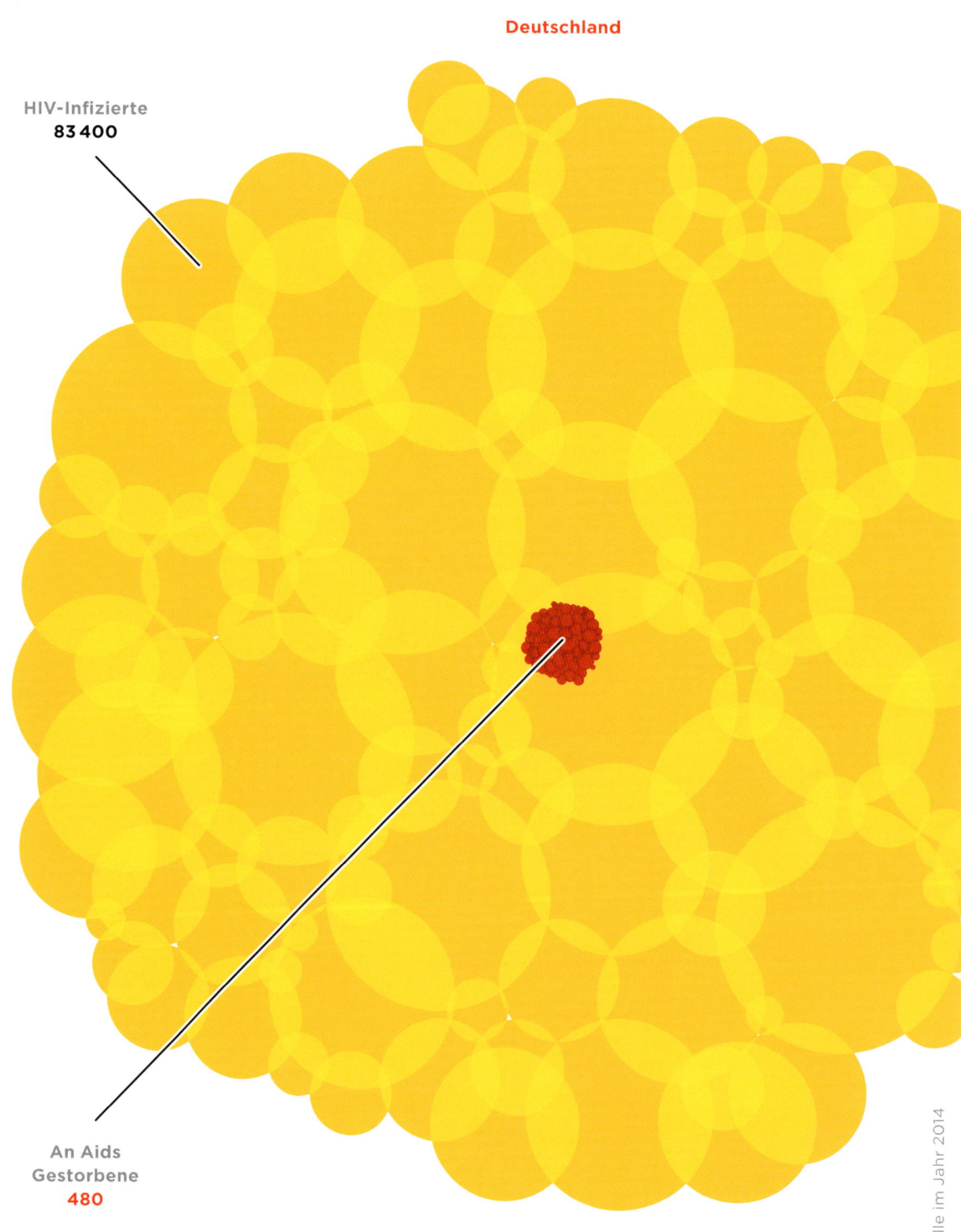

An Aids
Gestorbene
480

Todesfälle im Jahr 2014

Sudan

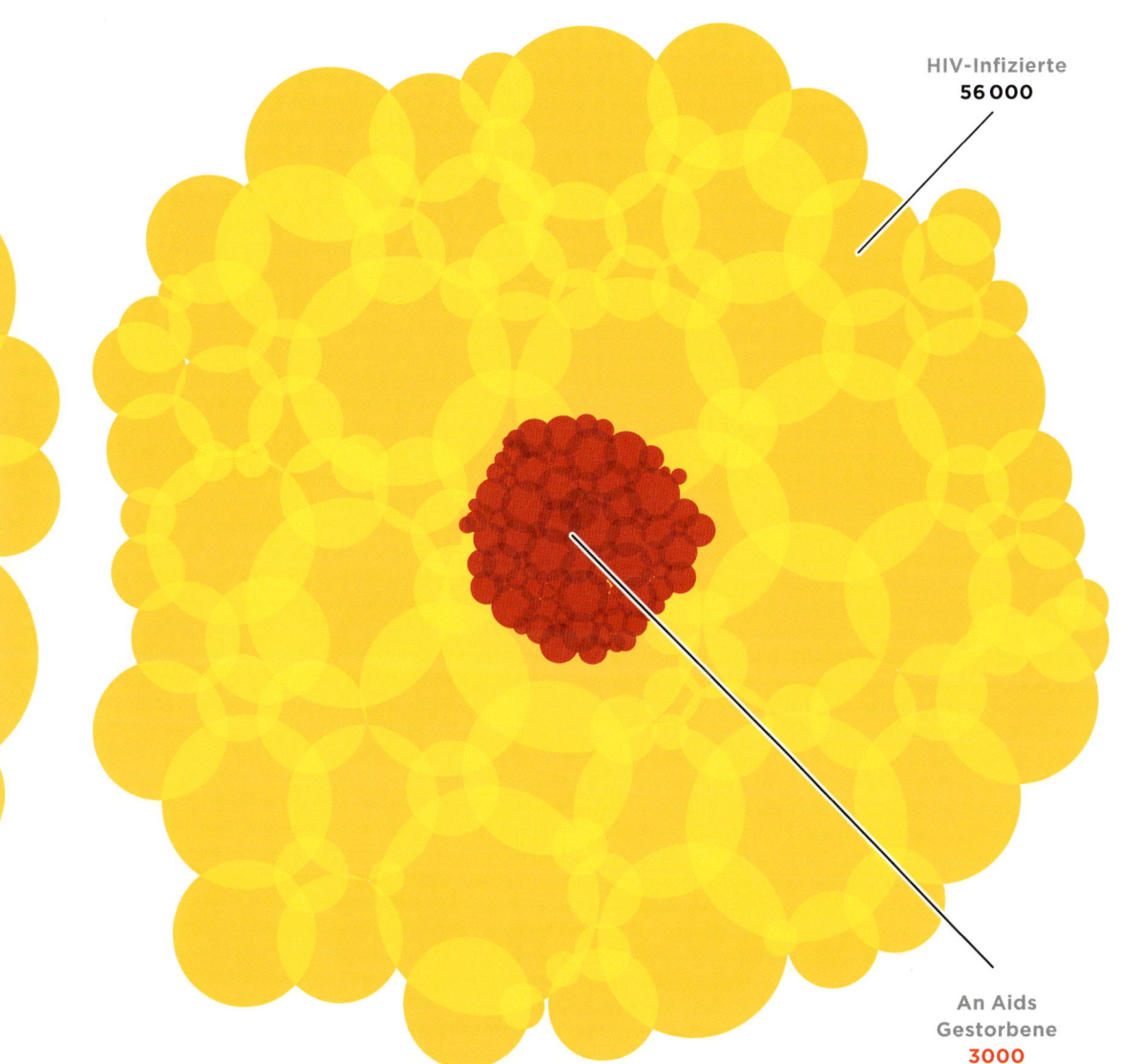

HIV-Infizierte
56 000

An Aids
Gestorbene
3000

Gerechte Löhne?

Wie sich Arbeitsproduktivität und Löhne in den
letzten Jahren international entwickelt haben

116

Normiert auf das Jahr 1999 als Wert 100

114

112

110

108

106

104

102

2000   2001   2002   2003   2004   2005

Stand: 2014

Index der Arbeitsproduktivität

Index der Reallöhne

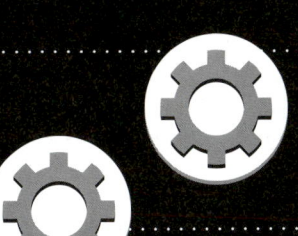

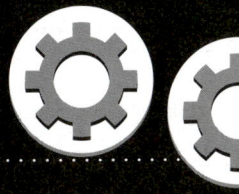

2007   2008   2009   2010   2011   2012   2013

Tatsächlicher Benzinverbrauch

Wie viel Prozent Sprit verbrauchen Autos in der Realität
mehr als vom Hersteller angegeben? Laut Autofahrern,
die ihren Verbrauch aufzeichnen

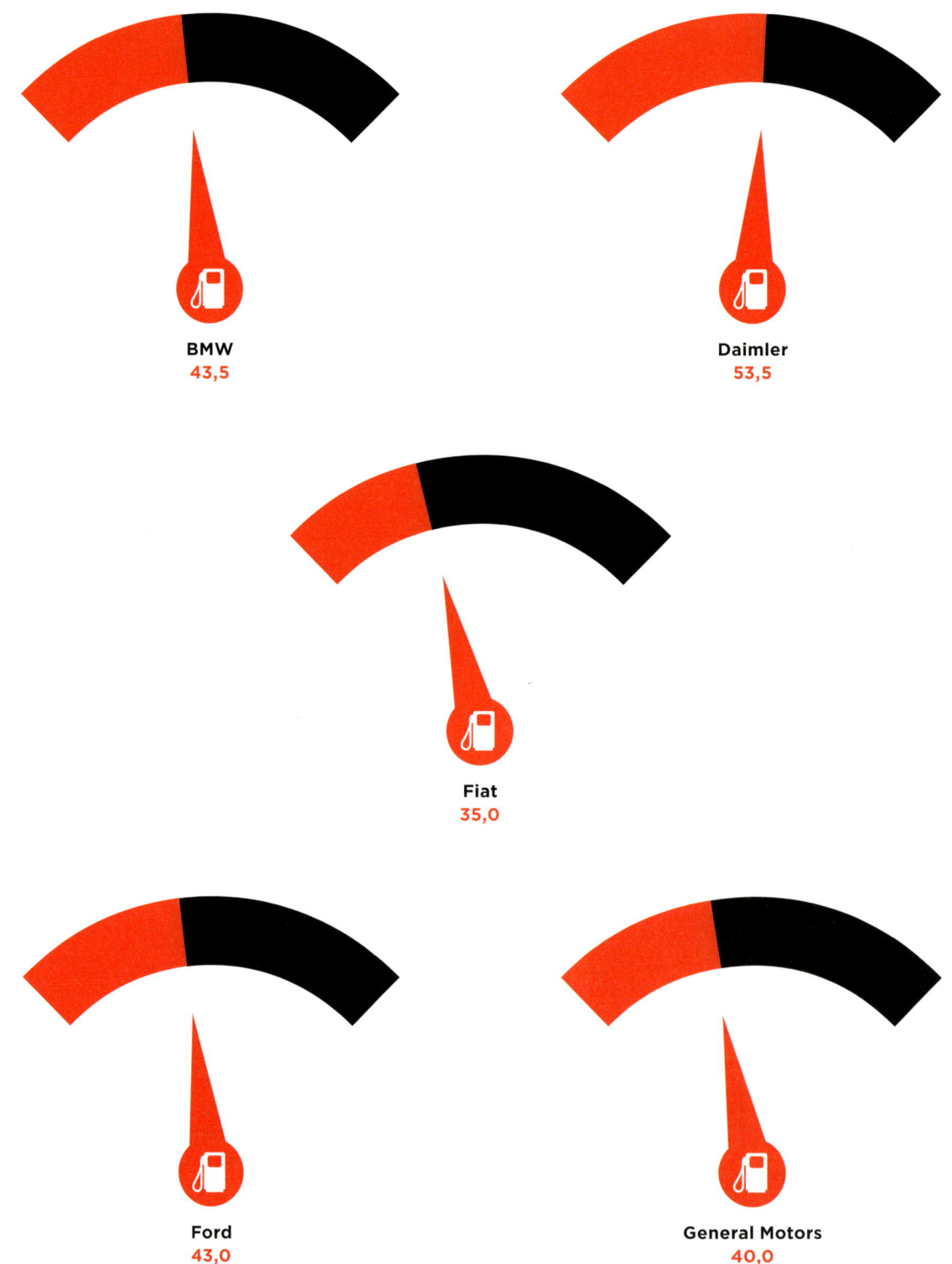

BMW
43,5

Daimler
53,5

Fiat
35,0

Ford
43,0

General Motors
40,0

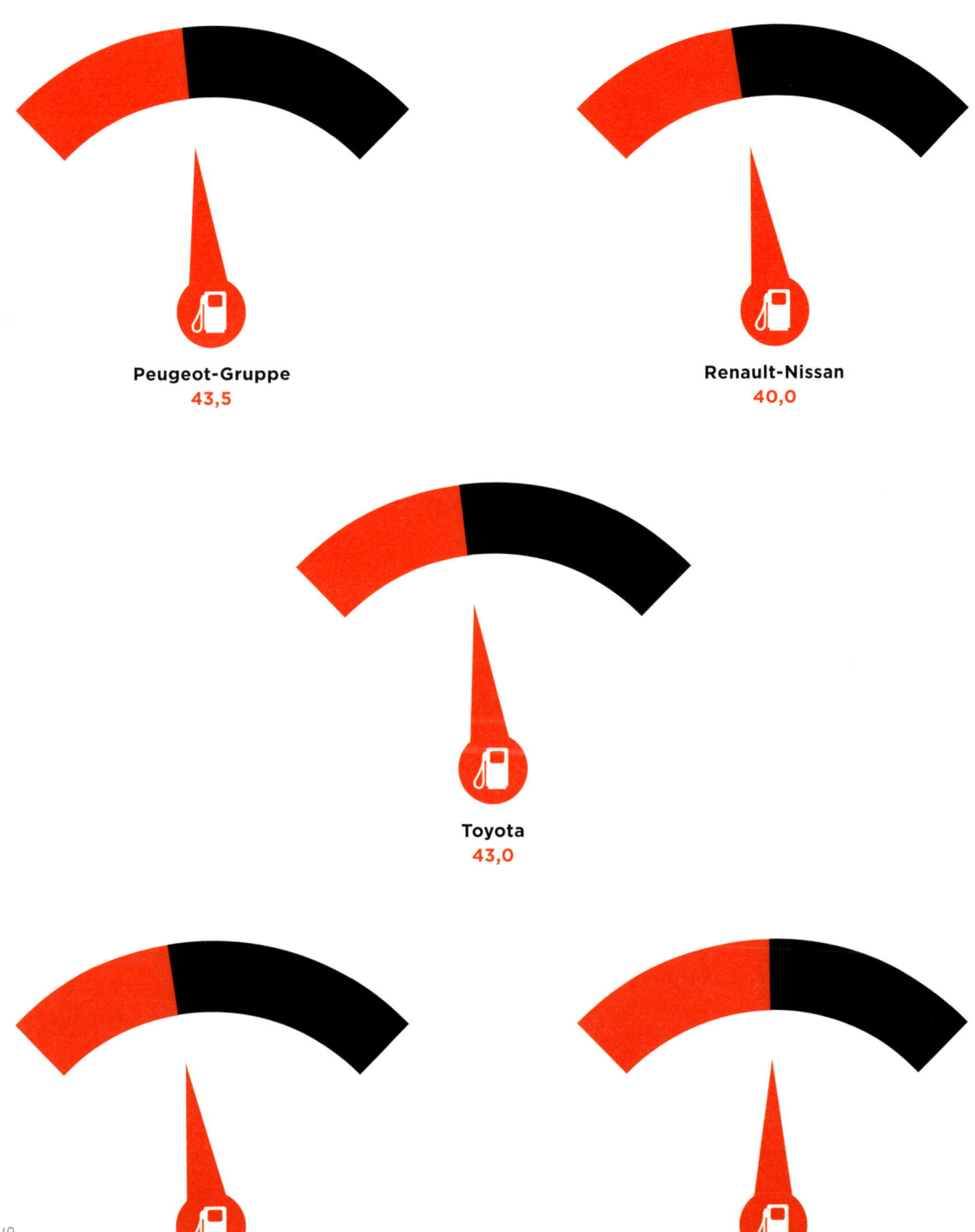

Peugeot-Gruppe
43,5

Renault-Nissan
40,0

Toyota
43,0

Volkswagen (ohne Audi)
41,0

Audi
49,7

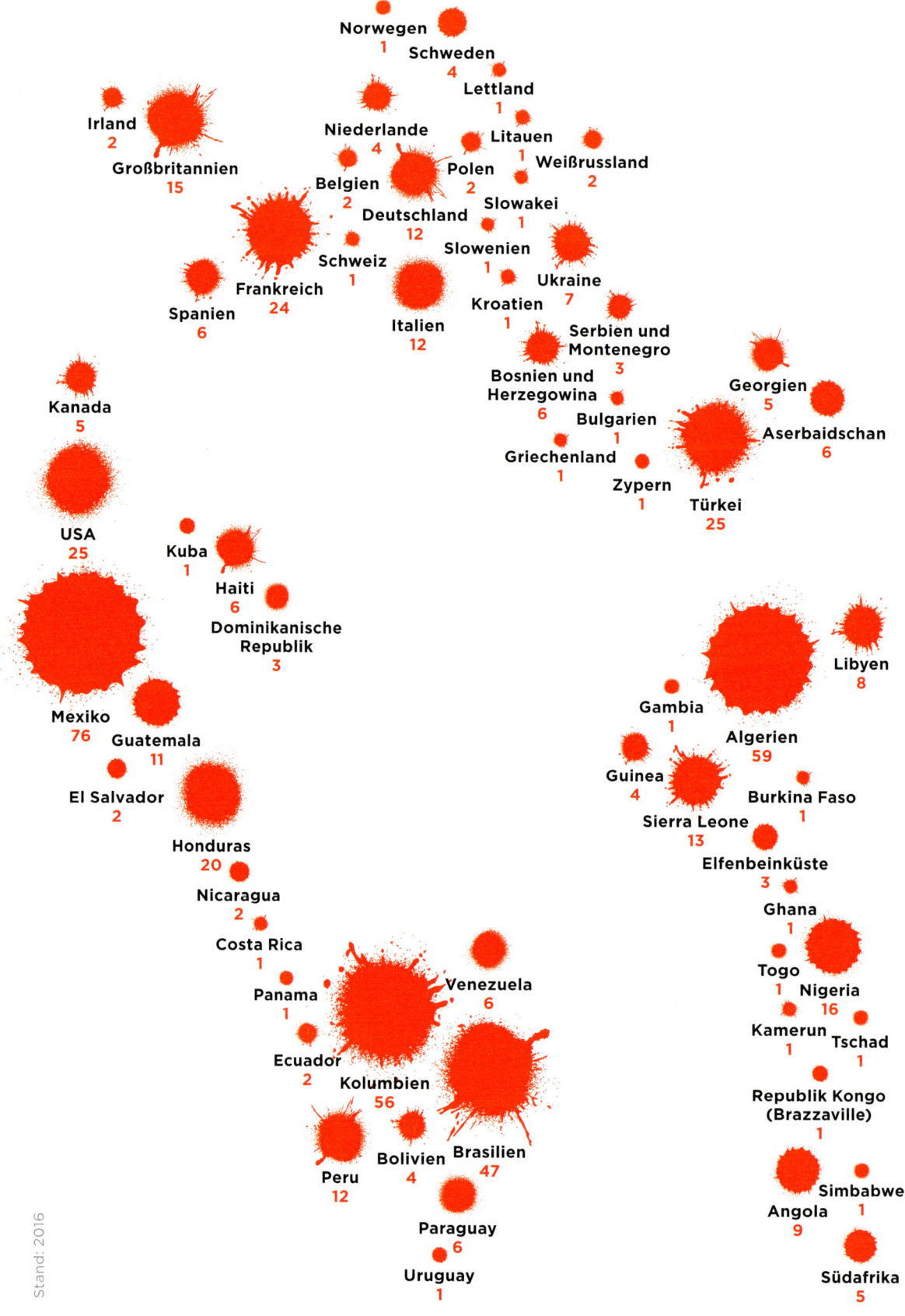

Norwegen
1

Schweden
4

Lettland
1

Irland
2

Großbritannien
15

Niederlande
4

Litauen
1

Weißrussland
2

Belgien
2

Polen
2

Deutschland
12

Slowakei
1

Schweiz
1

Slowenien
1

Ukraine
7

Frankreich
24

Kroatien

Spanien
6

Italien
12

Serbien und
Montenegro
3

Georgien
5

Bosnien und
Herzegowina
6

Bulgarien
1

Aserbaidschan
6

Kanada
5

Griechenland
1

Zypern
1

Türkei
25

USA
25

Kuba
1

Haiti
6

Dominikanische
Republik
3

Libyen
8

Gambia
1

Algerien
59

Mexiko
76

Guatemala
11

Guinea
4

Burkina Faso
1

El Salvador
2

Sierra Leone
13

Honduras
20

Elfenbeinküste
3

Nicaragua
2

Ghana
1

Costa Rica
1

Venezuela
6

Togo
1

Nigeria
16

Panama
1

Kamerun
1

Tschad

Ecuador
2

Kolumbien
56

Republik Kongo
(Brazzaville)
1

Brasilien
47

Peru
12

Bolivien
4

Simbabwe
1

Angola
9

Paraguay
6

Südafrika
5

Uruguay
1

Stand: 2016

Riskanter Job

Unter welchen Nationen gab es in den letzten 20 Jahren
die meisten toten Journalisten zu beklagen?

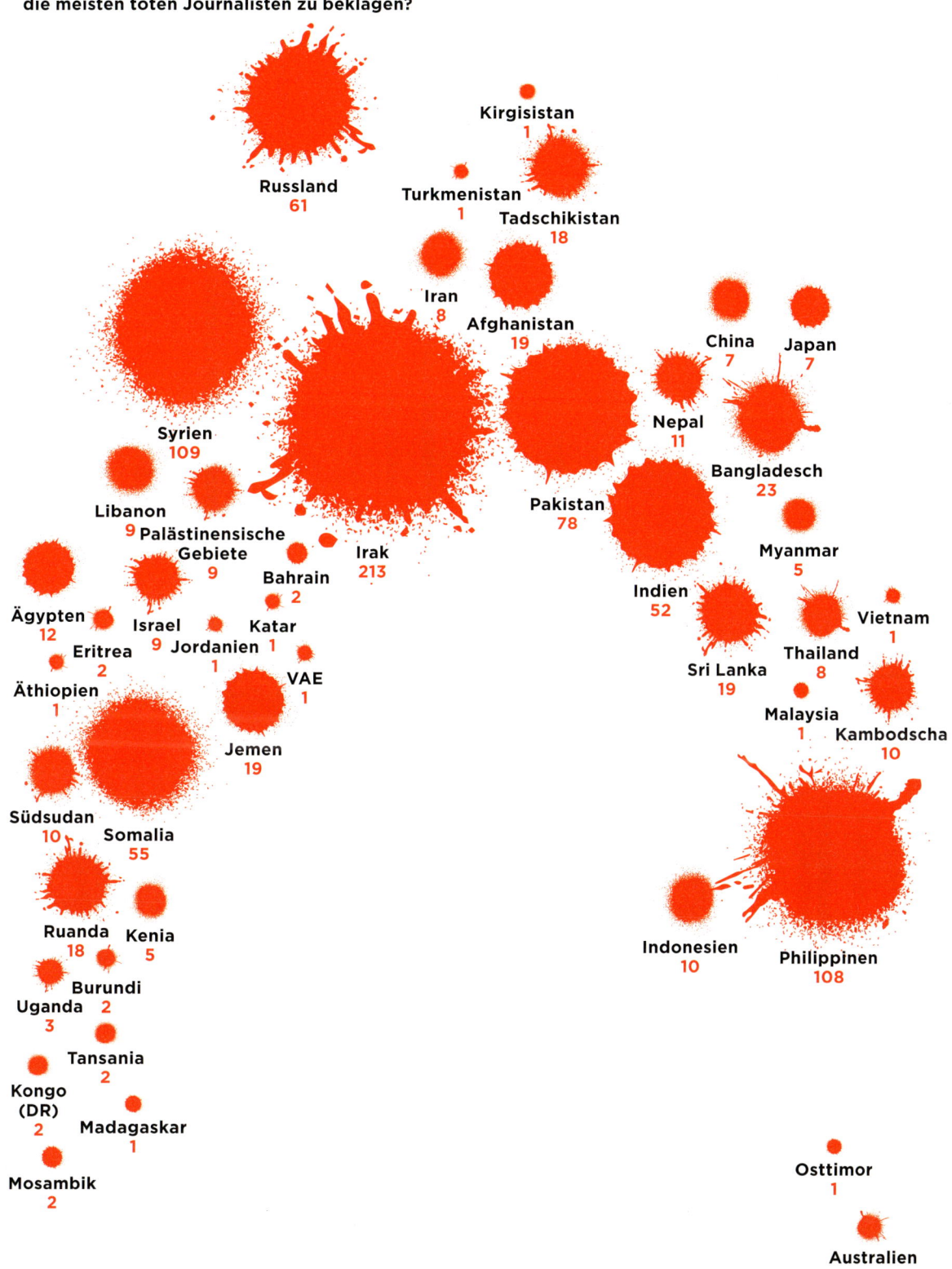

Russland
61

Kirgisistan
1

Turkmenistan
1

Tadschikistan
18

Iran
8

Afghanistan
19

China
7

Japan
7

Nepal
11

Bangladesch
23

Syrien
109

Libanon
9

Palästinensische
Gebiete
9

Bahrain
2

Irak
213

Pakistan
78

Myanmar
5

Indien
52

Vietnam
1

Ägypten
12

Israel
9

Jordanien
1

Katar
1

VAE
1

Sri Lanka
19

Thailand
8

Eritrea
2

Äthiopien
1

Jemen
19

Malaysia
1

Kambodscha
10

Südsudan
10

Somalia
55

Indonesien
10

Philippinen
108

Ruanda
18

Kenia
5

Burundi
2

Uganda
3

Tansania
2

Kongo
(DR)
2

Madagaskar
1

Osttimor
1

Mosambik
2

Australien
3

Trumps Lügen

Wie oft hat der amerikanische Präsident in den ersten 100 Tagen seiner Amtszeit falsche oder irreführende Aussagen getroffen?

keine falsche Behauptung   1-2   3-6   7-19   >20

Januar   Februar

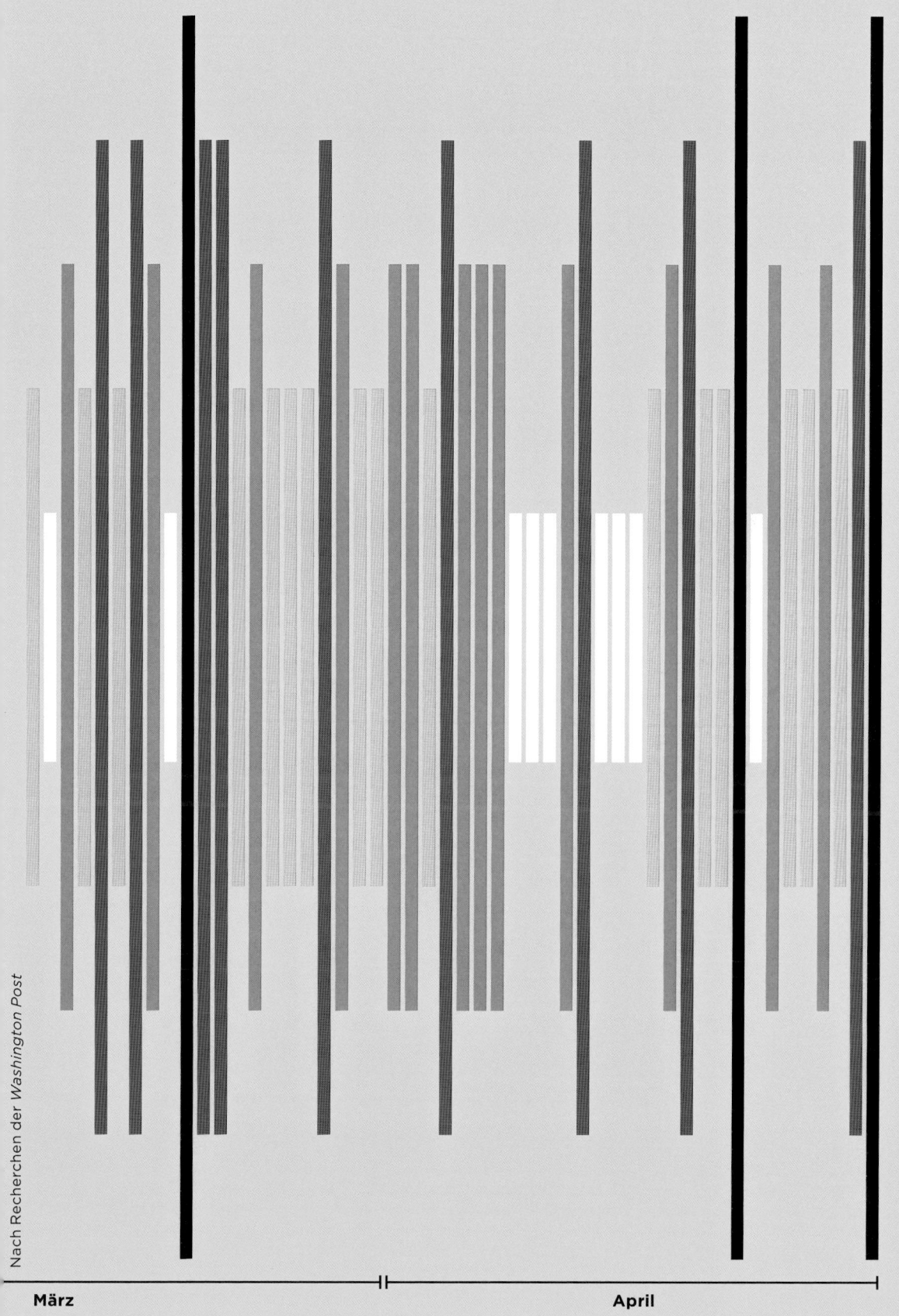

März | **April**

Aufschlag für Frauen

Um wie viel Prozent teurer sind die vergleichbaren Produkte,
wenn sie statt für Männer für Frauen verkauft werden?

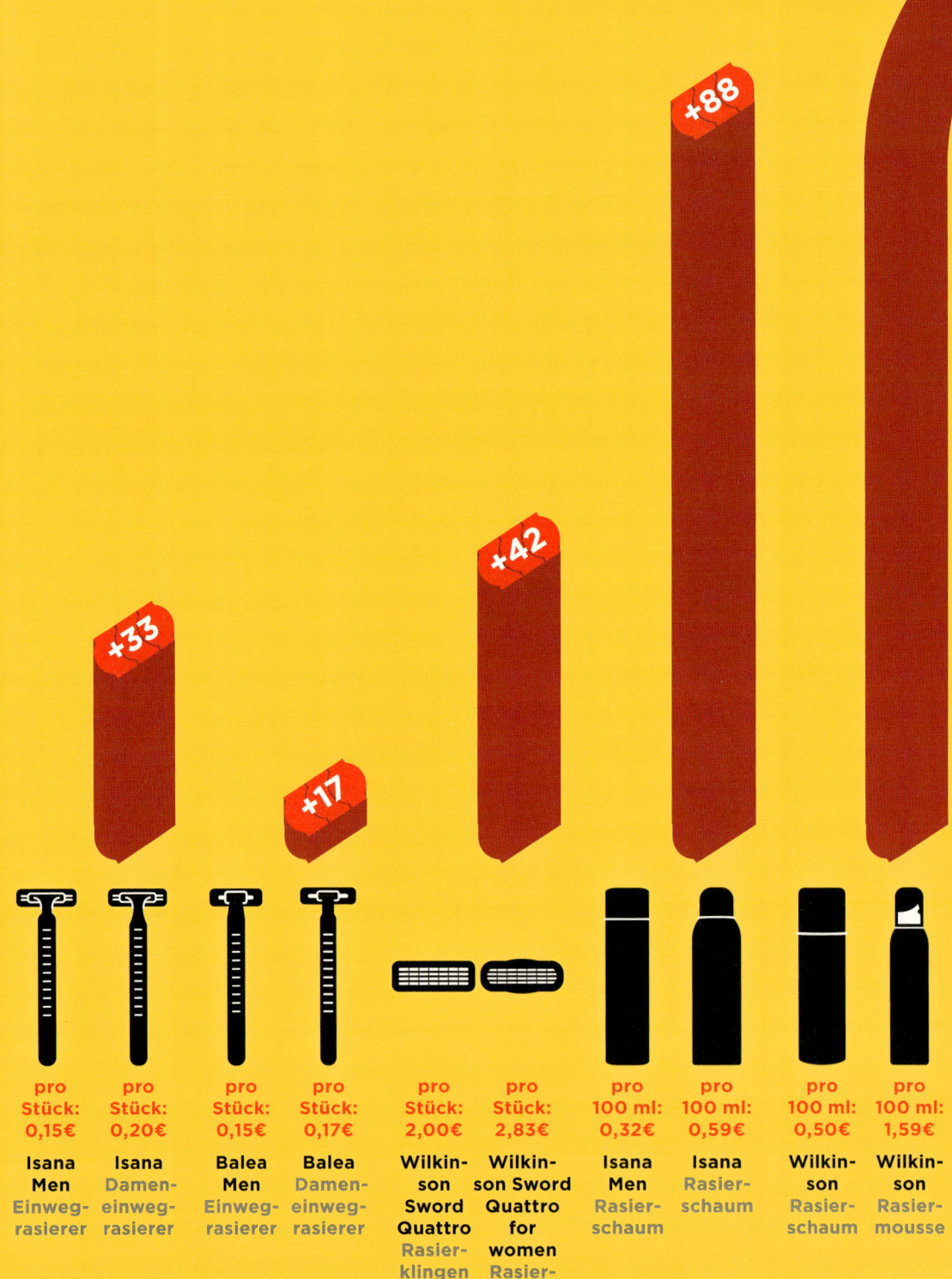

+33 +17 +42 +88

pro Stück: 0,15€	pro Stück: 0,20€	pro Stück: 0,15€	pro Stück: 0,17€	pro Stück: 2,00€	pro Stück: 2,83€	pro 100 ml: 0,32€	pro 100 ml: 0,59€	pro 100 ml: 0,50€	pro 100 ml: 1,59€
Isana Men Einwegrasierer	Isana Dameneinwegrasierer	Balea Men Einwegrasierer	Balea Dameneinwegrasierer	Wilkinson Sword Quattro Rasierklingen	Wilkinson Sword Quattro for women Rasierklingen	Isana Men Rasierschaum	Isana Rasierschaum	Wilkinson Rasierschaum	Wilkinson Rasiermousse

Stand: 2016

+218

+43

+24

+16

+33

+66

pro 100 ml: 0,70€

pro 100 ml: 0,86€

pro 100 ml: 81,00€

pro 100 ml: 116,00€

pro 100 ml: 125,90€

pro 100 ml: 145,90€

pro 100 ml: 119,90€

pro 100 ml: 159,90€

pro 100 ml: 5,97€

pro 100 ml: 9,93€

Isana Men Rasiergel

Isana Rasiergel

Boss Orange Man Parfum

Boss Orange Woman Parfum

Giorgio Armani Code Homme Parfum

Giorgio Armani Code Femme Parfum

Yves Saint Laurent Opium pour homme Parfum

Yves Saint Laurent Opium Parfum

007 Seven Deodorant-spray

007 For Women Natural Deodorant-spray

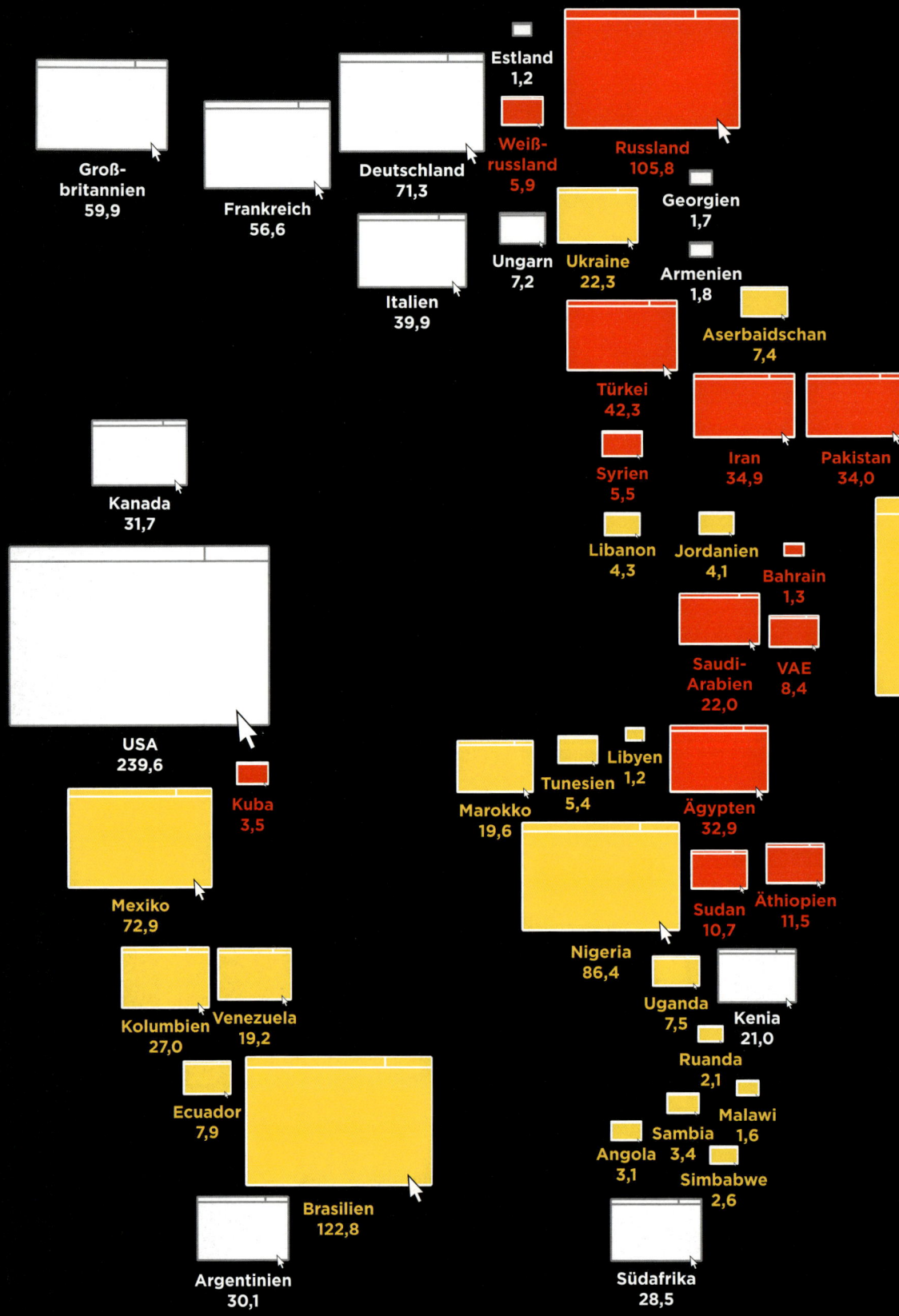

Groß-britannien
59,9

Frankreich
56,6

Deutschland
71,3

Estland
1,2

Weiß-russland
5,9

Russland
105,8

Georgien
1,7

Ungarn
7,2

Ukraine
22,3

Armenien
1,8

Aserbaidschan
7,4

Italien
39,9

Türkei
42,3

Iran
34,9

Pakistan
34,0

Syrien
5,5

Libanon
4,3

Jordanien
4,1

Bahrain
1,3

Saudi-Arabien
22,0

VAE
8,4

Kanada
31,7

USA
239,6

Kuba
3,5

Mexiko
72,9

Marokko
19,6

Tunesien
5,4

Libyen
1,2

Ägypten
32,9

Sudan
10,7

Äthiopien
11,5

Kolumbien
27,0

Venezuela
19,2

Nigeria
86,4

Uganda
7,5

Kenia
21,0

Ruanda
2,1

Ecuador
7,9

Brasilien
122,8

Malawi
1,6

Angola
3,1

Sambia
3,4

Simbabwe
2,6

Argentinien
30,1

Südafrika
28,5

Wie frei ist das Internet?

Anzahl der Nutzer in Millionen

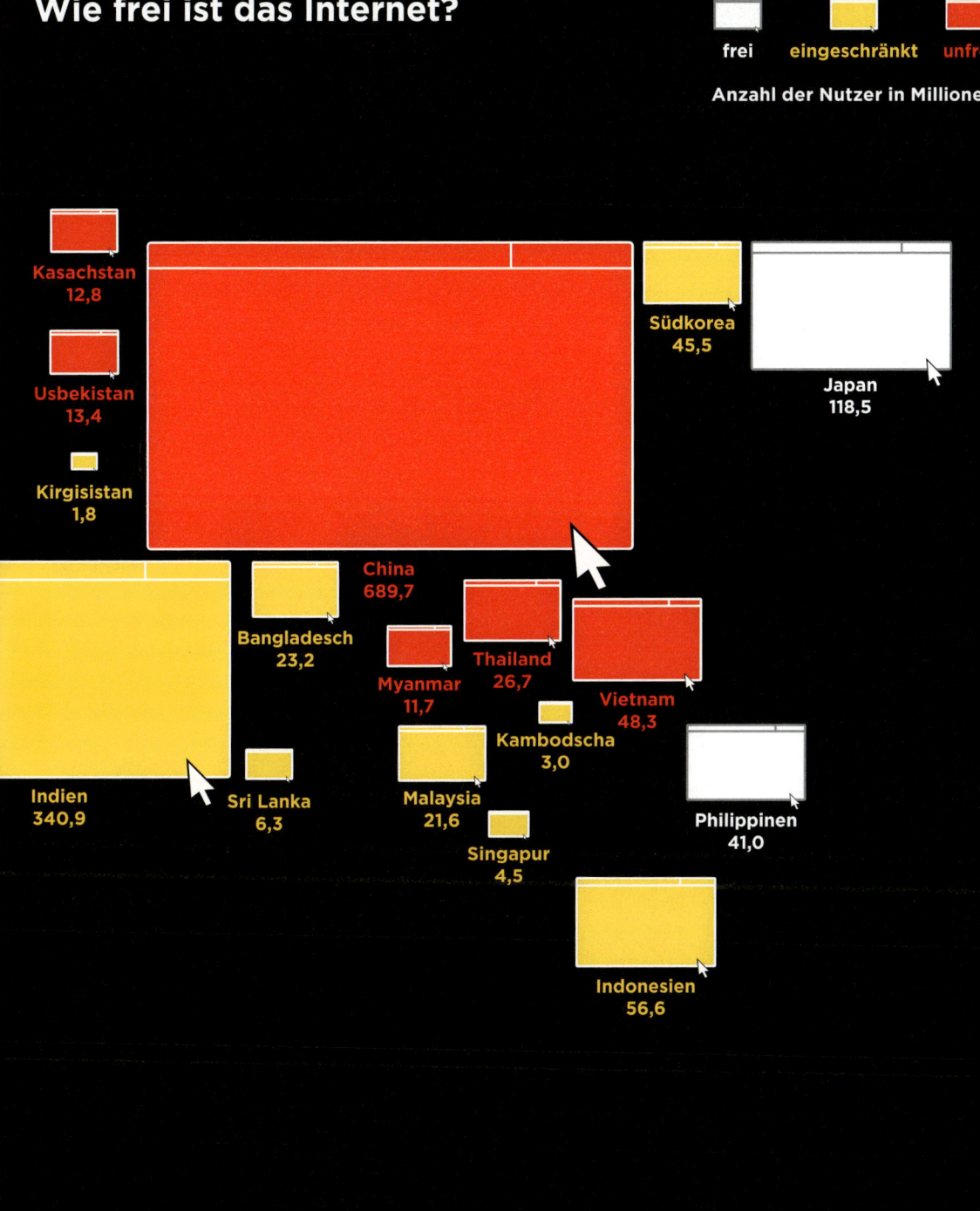

Kasachstan
12,8

Usbekistan
13,4

Kirgisistan
1,8

China
689,7

Südkorea
45,5

Japan
118,5

Bangladesch
23,2

Myanmar
11,7

Thailand
26,7

Vietnam
48,3

Indien
340,9

Sri Lanka
6,3

Malaysia
21,6

Kambodscha
3,0

Philippinen
41,0

Singapur
4,5

Indonesien
56,6

Australien
20,1

Geiz am Kind

Wie viel Prozent der Alleinerziehenden bekommen Unterhalt, wie viel keinen Cent?

46,2
Unterhalt

Von denen, die Unterhalt bekommen, erhält nur rund die Hälfte so viel, wie ihr rechtlich zusteht. Stand: 2014

53,8
kein Unterhalt

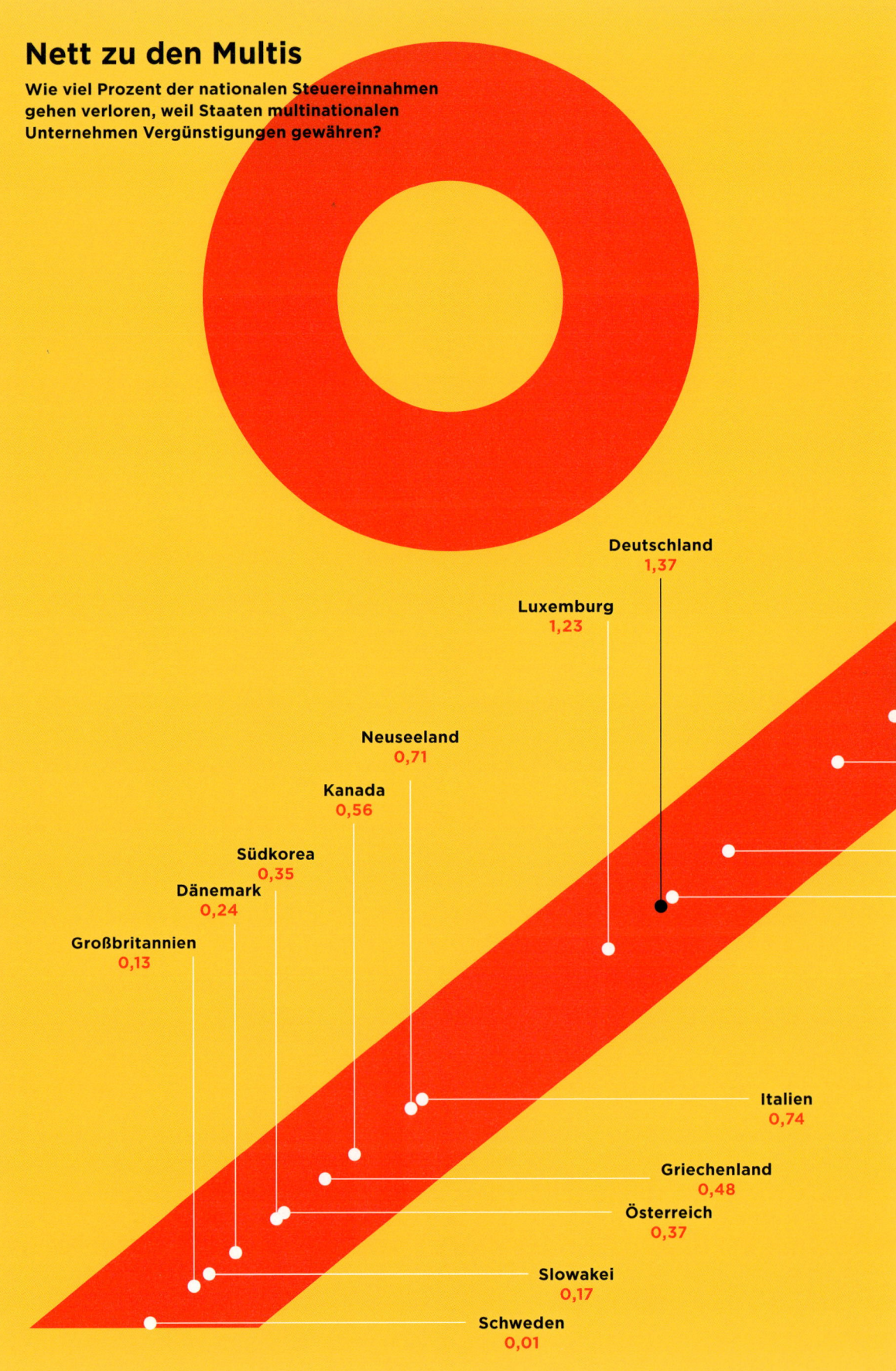

Nett zu den Multis

Wie viel Prozent der nationalen Steuereinnahmen
gehen verloren, weil Staaten multinationalen
Unternehmen Vergünstigungen gewähren?

Deutschland
1,37

Luxemburg
1,23

Neuseeland
0,71

Kanada
0,56

Südkorea
0,35

Dänemark
0,24

Großbritannien
0,13

Italien
0,74

Griechenland
0,48

Österreich
0,37

Slowakei
0,17

Schweden
0,01

USA
4,18

Frankreich
1,99

Belgien
1,84

Spanien
1,55

Portugal
1,4

Stand: 2017

Die Welt in vier Klassen

Reiche

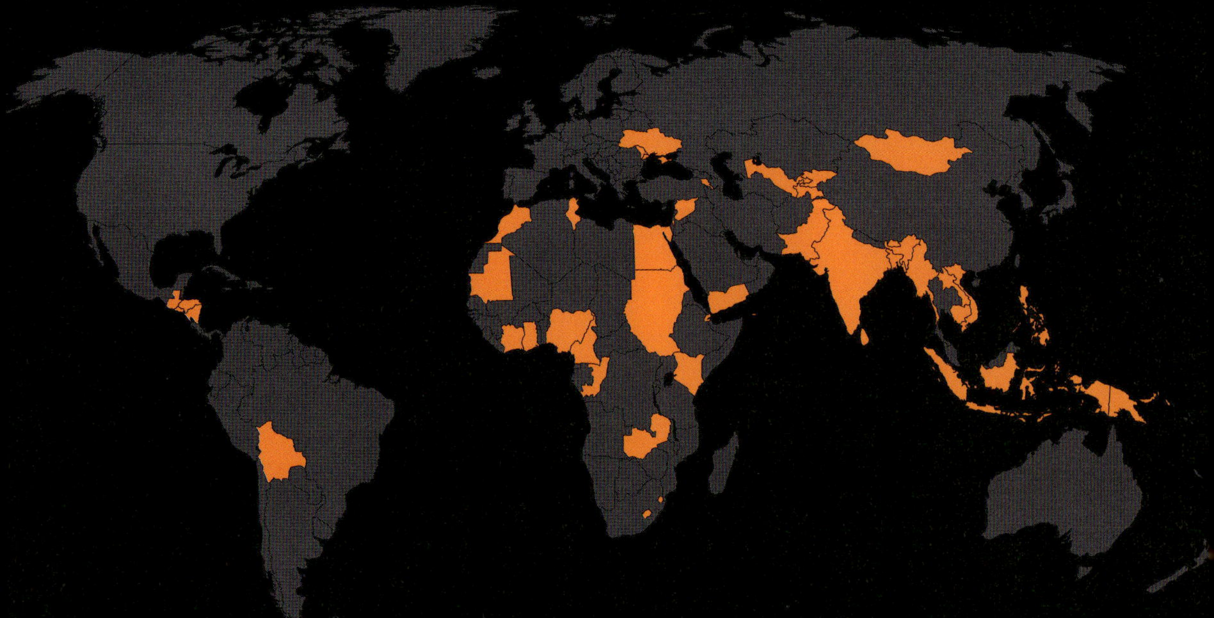

Arme

Klassifizierung der Weltbank auf Basis des Bruttonationaleinkommens (BNE). Stand: 2016

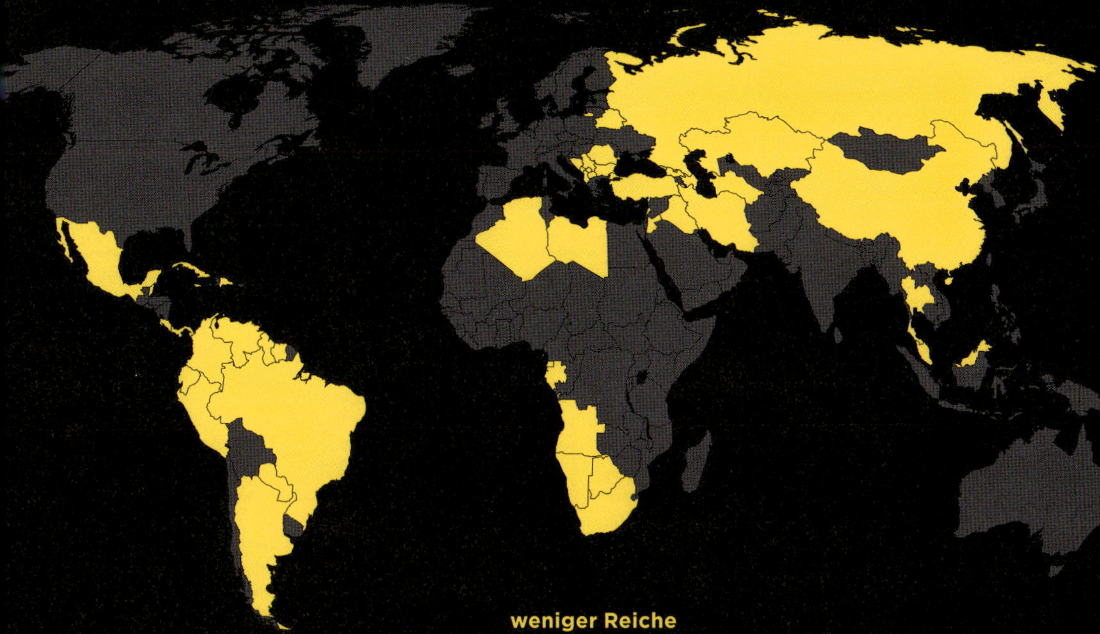

weniger Reiche

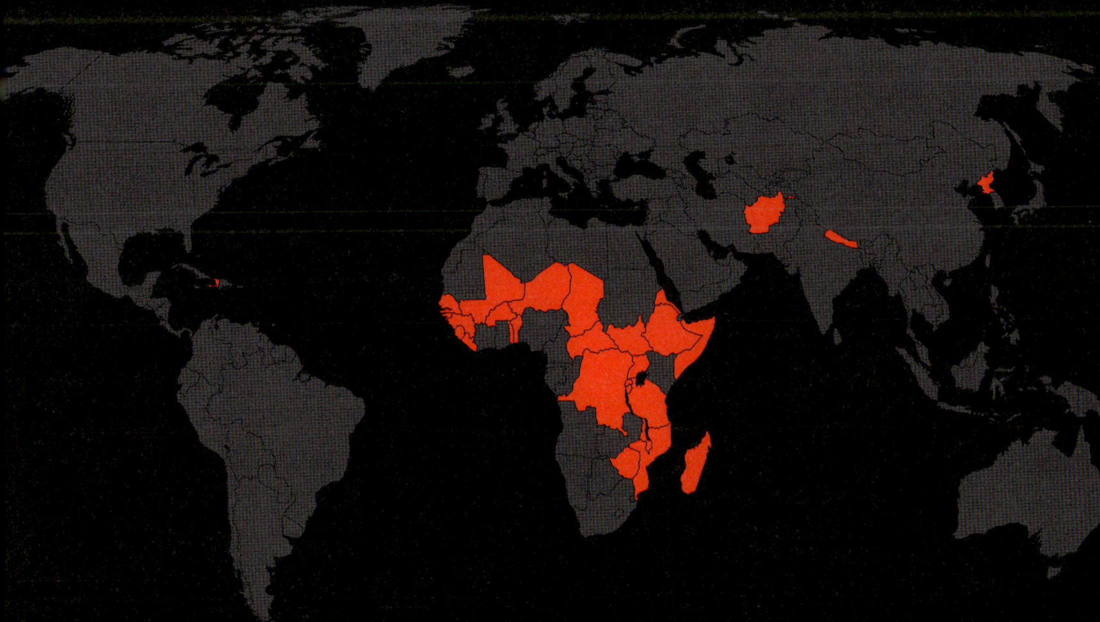

extrem Arme

Der traurige amerikanische Kalender

An welchen Tagen im Jahr 2016 starben in den USA wie viele Menschen durch Polizeigewalt?

1 Todesopfer Tag ohne Opfer

Juli	August	September	Oktober	November	Dezember

1
2
3
4
5
6
7
8
9
10
11
12
13
14
15
16
17
18
19
20
21
22
23
24
25
26
27
28
29
30
31

Silvesterböllerei

Wie stark verschmutzt sie eigentlich die Luft?

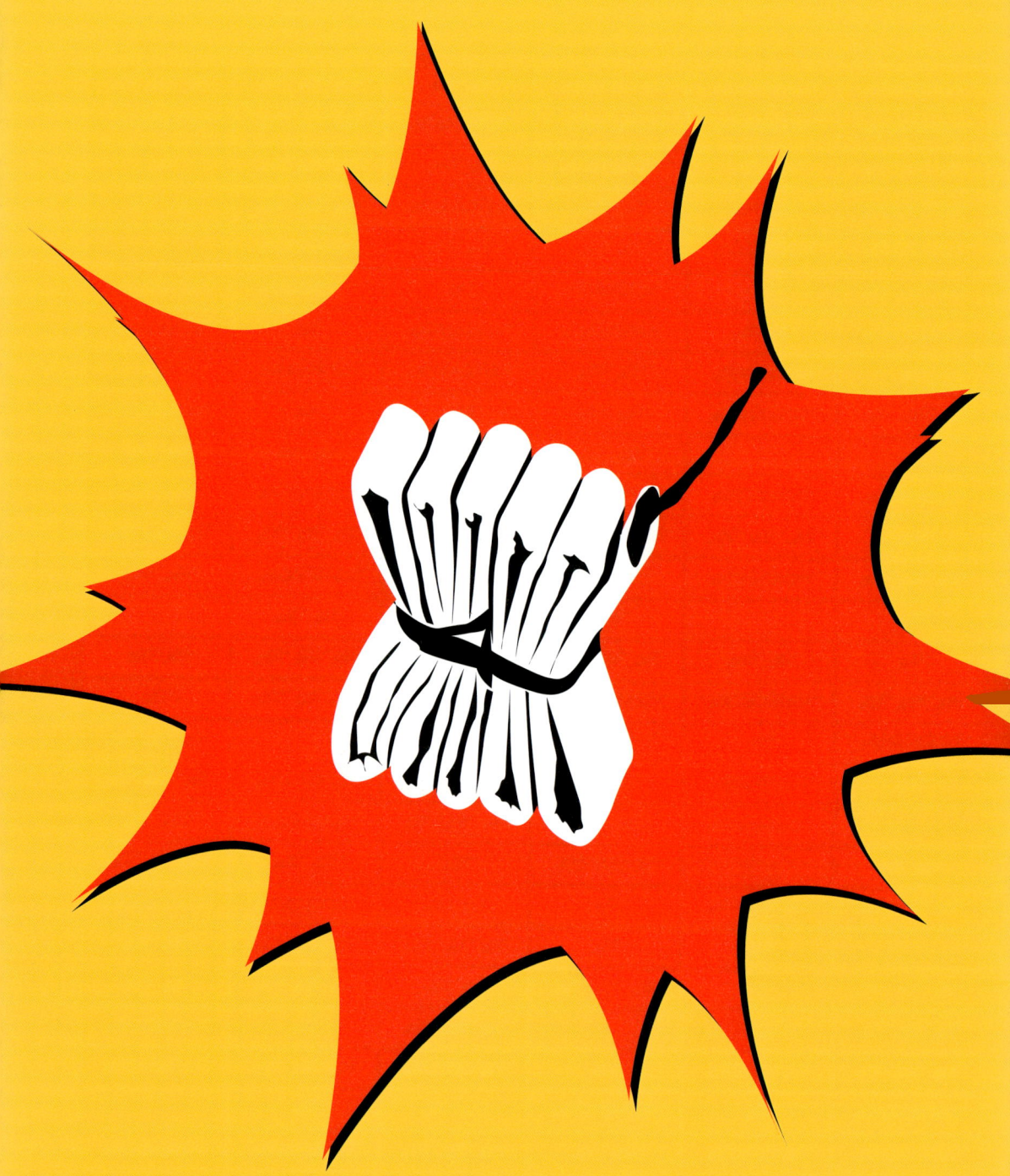

Durch Feuerwerke an Neujahr wird in Deutschland so viel Feinstaub produziert wie ...

... der gesamte Autoverkehr in Deutschland an 55 Tagen verursacht.

Modern und undurchsichtig

Wo stehen im Ranking der Transparenz von Unternehmen Apple, Amazon und Co.?

Statoil 8,3	**Rio Tinto** 7,2	**BHP Billiton** 7,2

Allianz 6,6	**Tesco** 6,5	**Novartis** 6,5	**ExxonMobil** 6,4	**Vodafone** 6,4	**Wal-Mart Stores** 6,4
Telefónica 6,2	**British American Tobacco** 6,1	**Bayer Group** 6,1	**Westpac Banking Group** 6,0	**General Electric** 6,0	**Home Depot** 6,0
Nestlé 5,9	**SAP** 5,8	**Toronto-Dominion Bank** 5,7	**Unilever** 5,7	**Banco Santander** 5,4	**Oil & Natural Gas Corporation** 5,4
Amgen 5,0	**United Technologies Corporation** 5,0	**AstraZeneca** 5,0	**Merck & Co.** 4,9	**Hewlett-Packard** 4,8	**Banco Bradesco** 4,8
Lloyds Banking Group 4,6	**3M** 4,5	**EDF Group** 4,4	**Qualcomm** 4,4	**Royal Bank of Canada** 4,4	**America Móvil** 4,4
United Parcel Service 4,1	**Barclays** 4,0	**Schlumberger** 4,0	**Saudi Basic Industries** 4,0	**Philip Morris International** 3,9	**CNOOC** 3,9
PepsiCo 3,5	**Visa** 3,5	**Cisco Systems** 3,4	**Microsoft** 3,4	**Walt Disney** 3,4	**Goldman Sachs Group** 3,3
Canon 3,0	**Google** 2,9	**Anheuser-Busch InBev** 2,9	**Toyota Motor** 2,8	**Gazprom OAO** 2,8	**Amazon.com** 2,8

Auf einer Skala von 0 bis 10 (von „sehr wenig transparent" bis „sehr transparent") misst die NGO Transparency International die Mitteilsamkeit der Unternehmen. Stand: 2012

ArcelorMittal 6,9	**BG Group** 6,7	**HSBC Holdings** 6,7	**BASF** 6,7	**France Telecom** 6,6	**BP** 6,6
ANZ Banking 6,3	**Siemens** 6,3	**Glaxo-Smith-Kline** 6,2	**Royal Dutch Shell** 6,2	**ENEL** 6,2	**GDF Suez** 6,2
L'Oréal Group 6,0	**Deutsche Telekom** 6,0	**E.ON** 6,0	**Roche Holding** 5,9	**Sanofi-Aventis** 5,9	**ENI** 5,9
BNP Paribas 5,4	**Coca-Cola** 5,3	**Occidental Petroleum** 5,2	**Chevron** 5,2	**Credit Suisse Group** 5,1	**Total** 5,1
Petrobas-Petróleo Brasil 4,7	**Vale** 4,7	**Reliance Industries** 4,7	**Intel** 4,7	**Abbott Laboratories** 4,7	**AT&T** 4,7
Johnson & Johnson 4,4	**Samsung Electronics** 4,3	**IBM** 4,2	**Procter & Gamble** 4,2	**Oracle** 4,1	**PetroChina** 4,1
ICBC 3,9	**Citigroup** 3,8	**JPMorgan Chase** 3,8	**Pfizer** 3,7	**McDonald's** 3,7	**Conoco-Phillips** 3,7
Teva Pharma-ceutical Industries 3,3	**Verizon Communi-cation** 3,3	**Mitsubishi UFJ FInancial** 3,2	**Apple** 3,2	**Bank of America** 3,2	**Common-wealth Bank** 3,1
Nippon Telegraph & Telephone Corporation 2,6	**Berkshire Hathaway** 2,4	**China Construction Bank** 1,9	**Honda Motor** 1,9	**Bank of Communi-cations** 1,7	**Bank of China** 1,1

Eingesperrt und rausgeworfen

Wie viele Menschen wurden in der Türkei seit dem Putschversuch
2016 entweder inhaftiert oder aus dem Staatsdienst entlassen?

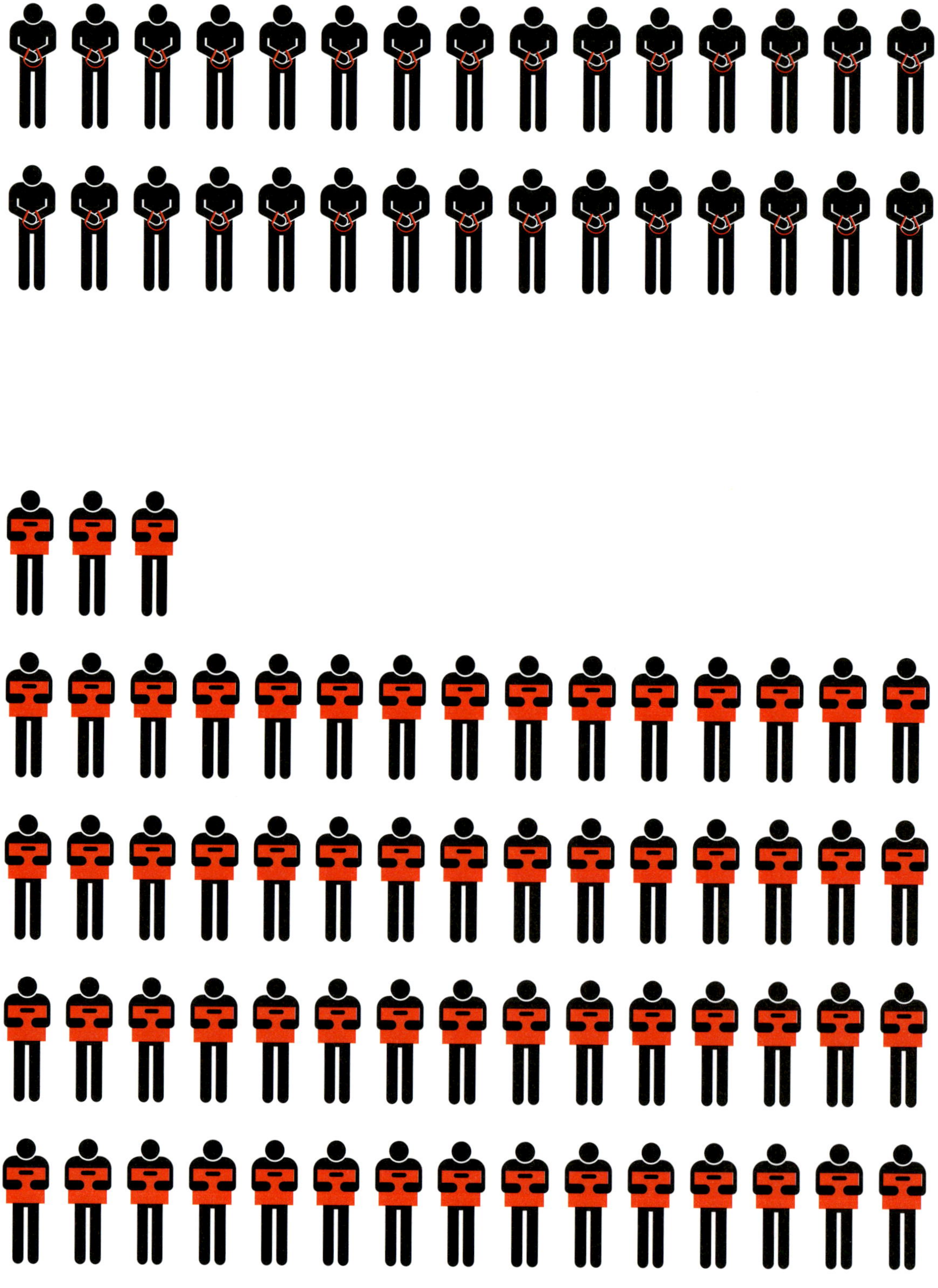

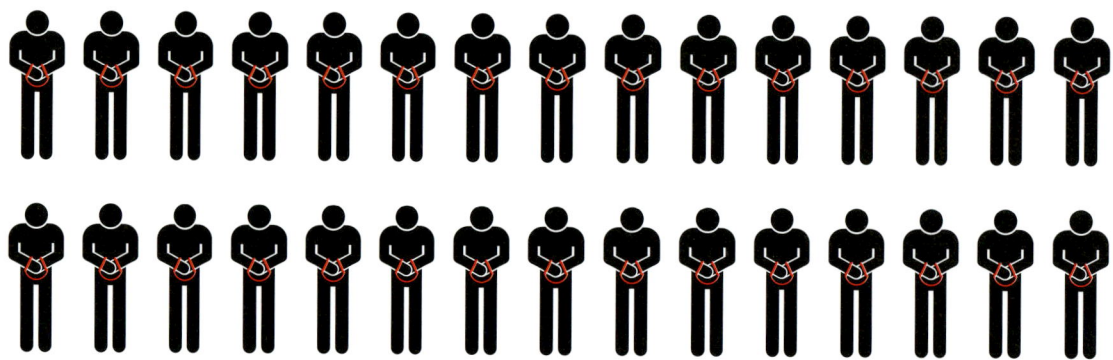

58 Inhaftierte pro 100 000

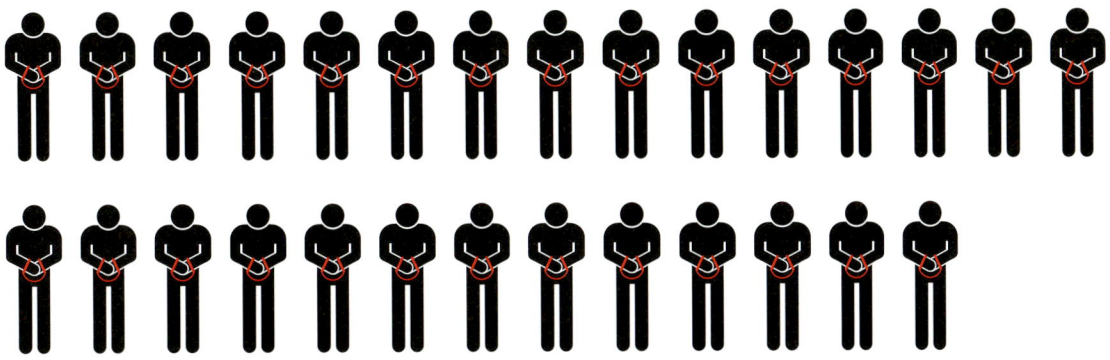

123 Entlassene pro 100 000

Stand: April 2017

Facebooks Sammelwut

Wie viele Daten speichert Facebook pro Jahr über jeden einzelnen seiner User?

Ein Aktenordner entspricht etwa 500 DIN-A4-Seiten Text oder 1 MB. Insgesamt sind es 78,8 Ordner.

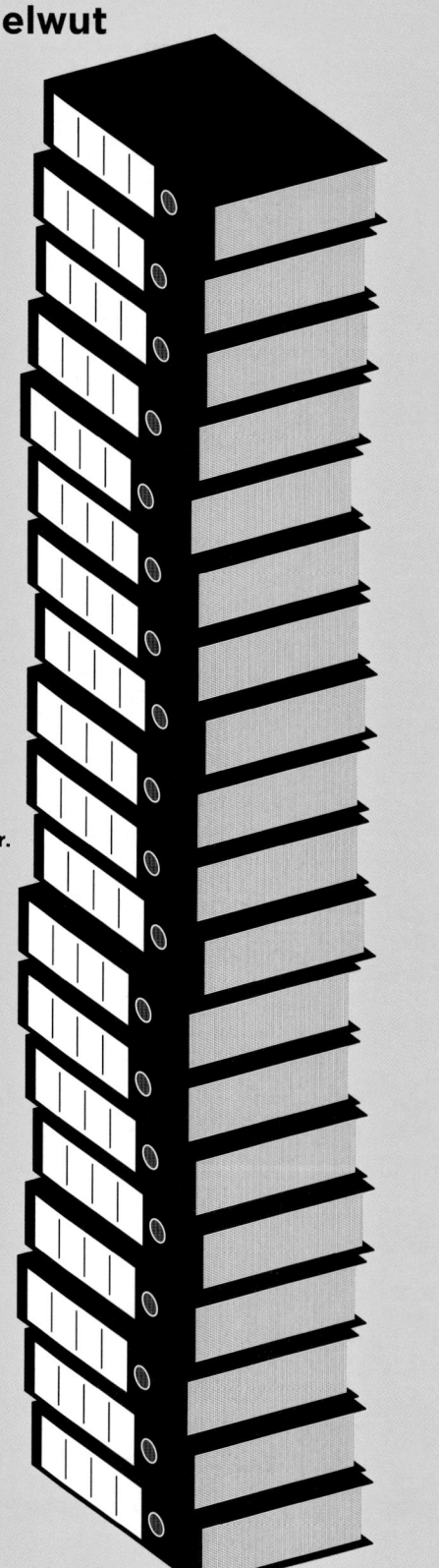

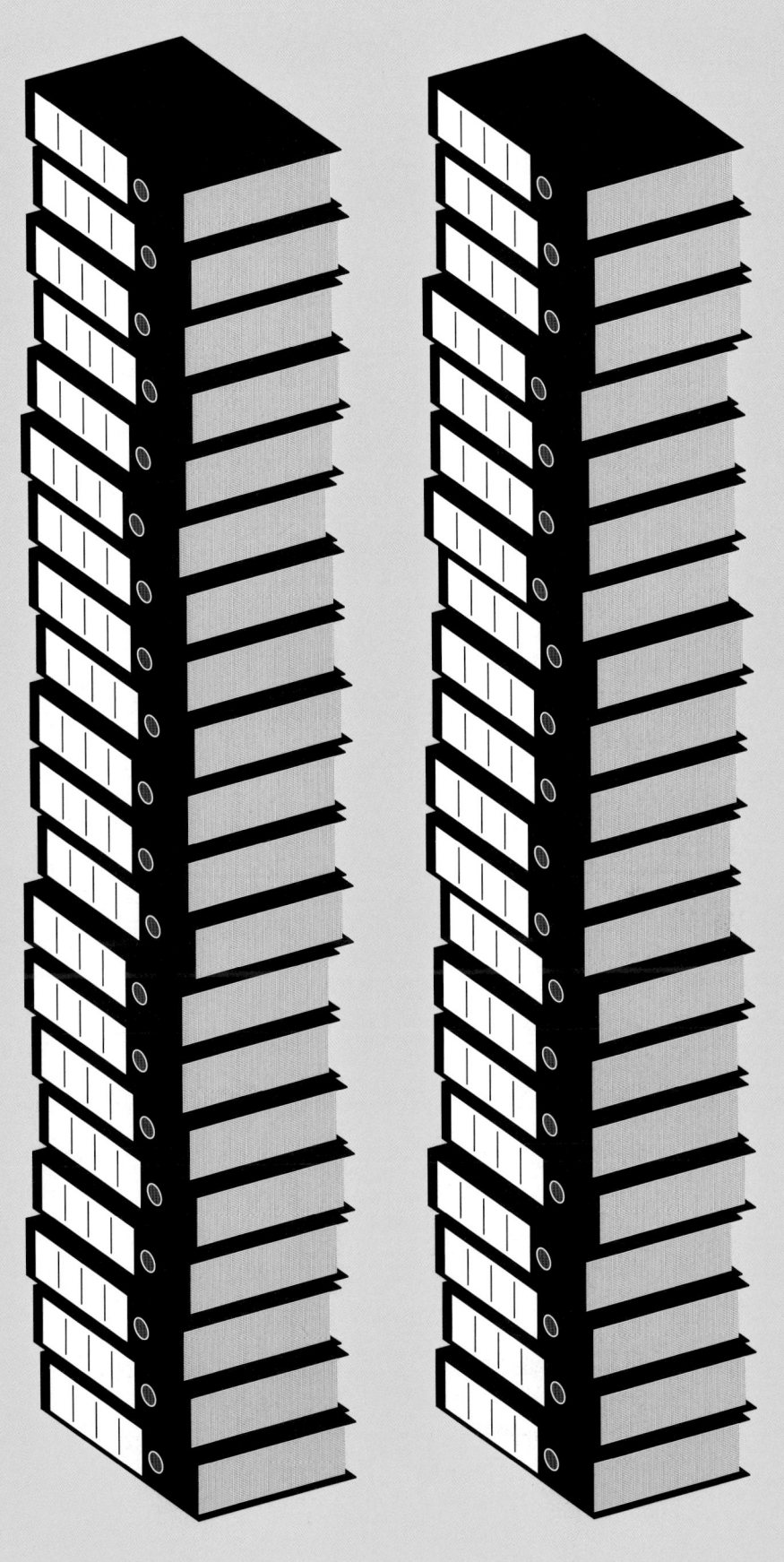

Strafen für Kartelle

Die höchsten Strafen, die Kartelle in Europa zahlen mussten, und wer an ihnen beteiligt war

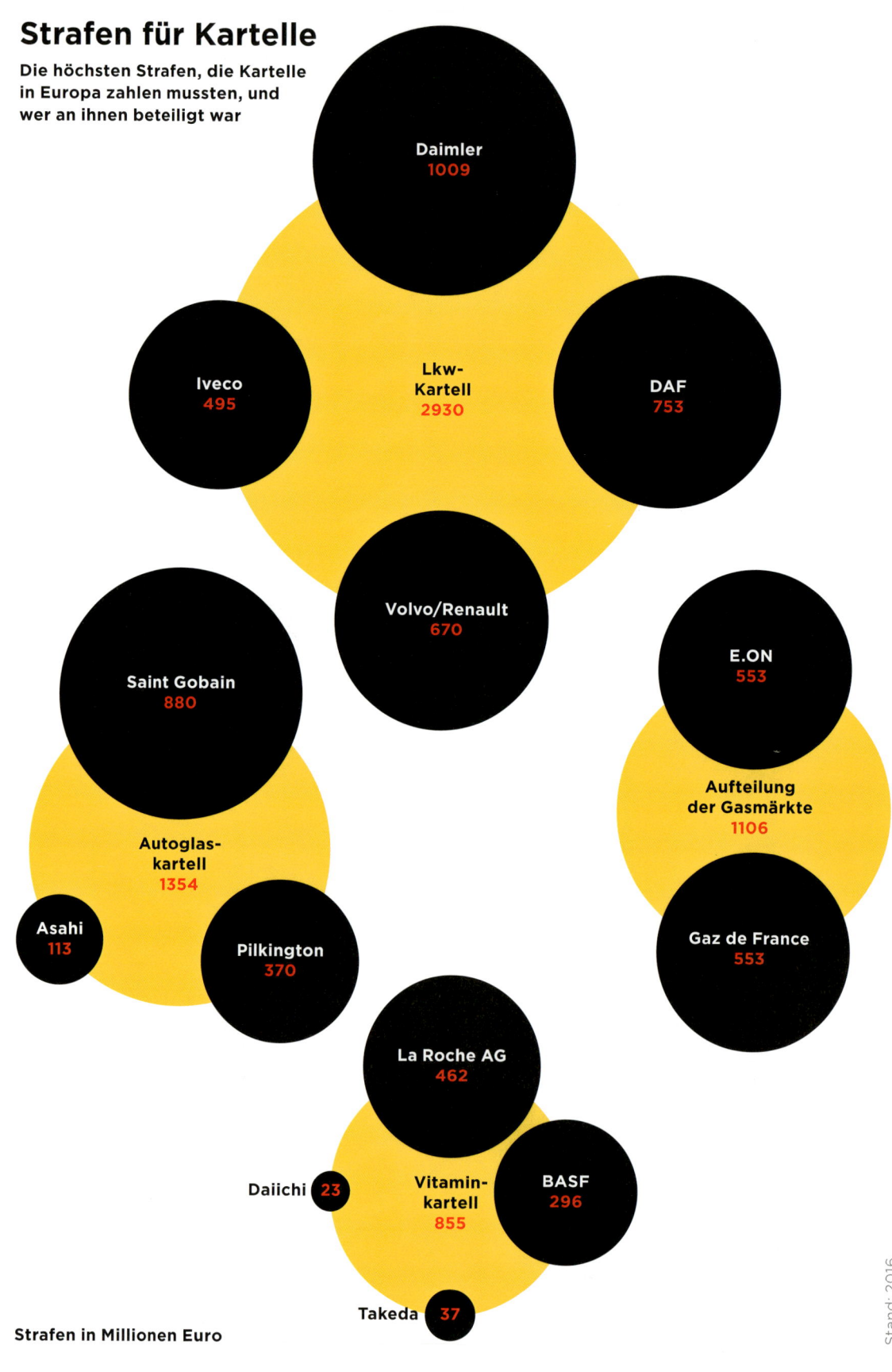

Daimler
1009

Iveco
495

Lkw-
Kartell
2930

DAF
753

Volvo/Renault
670

E.ON
553

Aufteilung
der Gasmärkte
1106

Gaz de France
553

Saint Gobain
880

Autoglas-
kartell
1354

Asahi
113

Pilkington
370

La Roche AG
462

Daiichi 23

Vitamin-
kartell
855

BASF
296

Takeda 37

Strafen in Millionen Euro

Stand: 2016

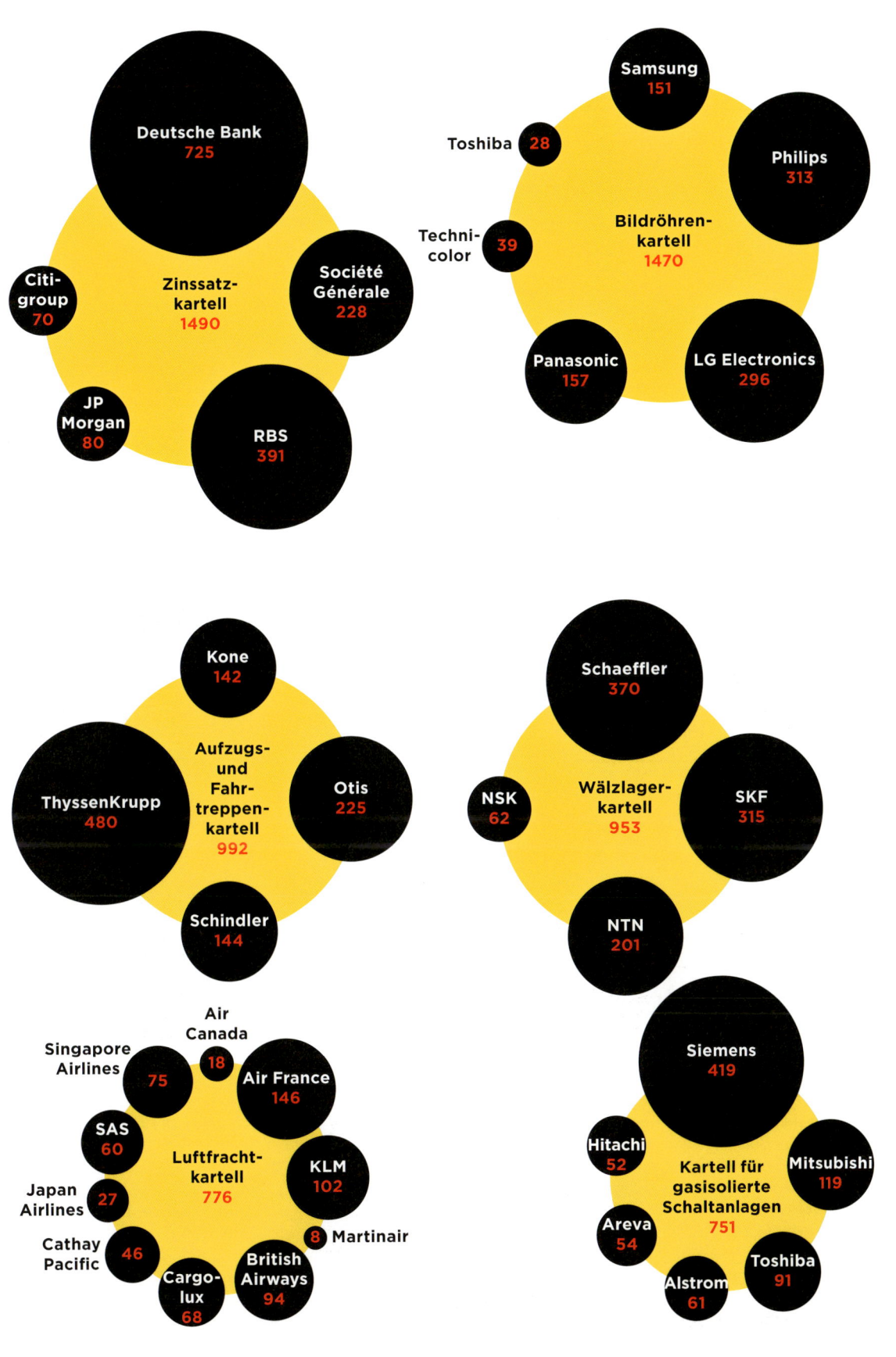

Quellen

1. Vielfliegerei, Bundesministerium für Verkehr und digitale Infrastruktur (Hrsg.): Verkehr in Zahlen, **2. Gleichgeschlechtliche Ehe,** International Lesbian, Gay, Bisexual, Trans and Intersex Association (ILGA), **3. Seitenwechsler,** Lobbypedia/Seitenwechsler-Portal, **4. Die FIFA-Bande,** New York Times und eigene Recherchen, **5. Die Jagd auf Wale,** Whale and Dolphin Conservation (WDC) und eigene Berechnungen, **6. Warum Milliardäre Milliardäre sind,** Peterson Institute for International Economics, "The Origins of the Superrich: The Billionaire Characteristics Database", C. Freund and S. Oliver, **7. Zivile Todesopfer in Syrien,** airwars.org, **8. Wer geht zur Uni?,** 20. Sozialerhebung des Deutschen Studentenwerks, **9. Hoch, höher, am höchsten,** Violation Tracker/Goodjobsfirst.org, **10. Pressefreiheit, eine Seltenheit,** Reporter ohne Grenzen, **11. Die 20 größten Steueroasen,** Tax Justice Network (TJN), **12. Das Alter der Reaktoren,** International Atomic Energy Agency (IAEA) und eigene Auswertung, **13. Vergewaltigungen in Deutschland,** Eigene Recherchen, **14. Hinter Gittern,** World Prison Brief, **15. Schlagen erlaubt,** Reporter ohne Grenzen, **16. Kaffeebecher,** Deutsche Umwelthilfe und eigene Berechnung, **17. Gelungene Integration?,** DAX-Vorstands-Report 2016 von Odgers Berndtson und eigene Recherchen, **18. Wahre Brennpunkte,** eigene Recherchen und Heidelberg Institute for International Conflict Research, **19. Auf der Todesliste,** International Union for Conservation of Nature (IUCN), **20. Glück für Deutsche, Pech für Afghanen,** Passportindex.org, **21. Spender im Hintergrund,** Bundestag, **22. Grammy,** eigene Recherchen, **23. Fake schlägt Wirklichkeit,** Buzzsumo/Facebook-Daten, **24. Atomsprengköpfe weltweit,** Federation of American Scientists, Schätzung Nordkorea: New York Times, **25. Hochleistungskühe,** Züchtungskunde: „Die Zucht hochleistender und gesunder Milchkühe – nur ein Traum?", M. Schwerin, **26. Sein Anteil, ihr Anteil,** Organisation for Economic Co-operation and Development (OECD), **27. Zum Henker,** Amnesty International und eigene Recherche, **28. Verschwendete Kleidung,** Greenpeace: „Wegwerfware Kleidung" **29. Gekaufte Forschung,** hochschulwatch.de, **30. Pestizide,** Umweltbundesamt, **31. Beherbergt Deutschland wirklich besonders viele Flüchtlinge?,** UNHCR und proasyl, **32. Studiengebühren pro Jahr,** College Board und eigene Recherchen, **33. Versuchstiere,** Bundesministerium für Ernährung und Landwirtschaft – Versuchstierdaten 2015, **34. Unten angekommen,** Bundesarbeitsgemeinschaft Wohnungslosenhilfe und eigene Recherchen, **35. Vermauerte Welt,** The Economist, **36. Kabinett der Millionäre,** Forbes und eigene Recherchen, **37. Ungeboren,** Prenatal Diagnosis, February 2012: „Prenatal diagnosis of Down syndrome: A systematic review of termination rates (1995-2011)", **38. Frauen an der Macht,** World Economic Forum – The Global Gender Gap Report 2016, **39. Wohnungsmarkt,** Berliner Hefte zu Geschichte und Gegenwart der Stadt #2: „Die Legende vom Sozialen Wohnungsbau", Andrej Holm, Ulrike Hamann, Sandy Kaltenborn, **40. Gewilderte Nashörner,** WWF, **41. Teurer Fußball,** transfermarkt.de, **42. Wer nach dem Brexit noch aus der EU will,** Ipsos Public Affairs, **43. Entscheidungsroulette,** Bundesamt für Migration und Flüchtlinge (BAMF) und eigene Berechnungen, **44. Der zerpflückte Gewinn,** FIAN International und Misereor: „Harvesting Hunger Plantation Workers and the

Right to Food", Oktober 2014, **45. Rekordhalter-Jahre,** National Aeronautics and Space Administration (NASA), **46. Zinswucher,** Stiftung Warentest und Euro InterBank Offered Rate (Euribor), **47. Getötet und nicht aufgegessen,** Heinrich Böll Stiftung, Fleischatlas 2014, **48. Ganz legale Steuertricks,** eigene Recherchen/FAZ, **49. Opfer der Straße,** Polizei Berlin, **50. Die geplagte Jugend,** Barmer Arztreport 2017, **51. Gegen Ausländer, ohne Ausländer,** New York Times und eigene Recherchen, **52. Jahre bis zur Freilassung,** Death Penalty Information Center und eigene Berechnungen, **53. Deutschland exportiert,** SIPRI Arms Transfers Database, **54. Versunkenes Sylt,** Global Sea Level Rise Map/eigene Auswertung, **55. Muss Hunger sein?,** FAOSTAT – Food and Agriculture Organization of the United Nations, **56. Im letzten Jahr von der Polizei kontrolliert ...,** Europäische Union für Grundrechte, 2010, **57. Schlechte Luft,** Umweltbundesamt, **58. Und wenn man ins Krankenhaus muss?,** World Health Organization (WHO), **59. Tote durch Terror,** Global Terrorism Database, **60. Deutscher Filmpreis,** Deutsche Filmakademie, **61. Lebensmittel für Kinder,** foodwatch, **62. Halbe-halbe,** Tax Justice Network (TJN), **63. Schnelle Behörde, langsame Behörde,** eigene Recherchen, **64. Weibliche Beschneidung,** unicef, **65. Mineralwasser,** Verband deutscher Mineralbrunnen e.V. (VDM), **66. Tödliche Flucht,** Internationale Organisation für Migration/Missing Migrants Project, **67. Kostenexplosionen,** eigene Recherchen, **68. Ungleiche Preise,** Stockholm Resilience Centre, Rockstrom, J. et al., Ecol. Soc., **69. Künstlicher Traum in Weiß,** Sylvia Hamberger und Axel Doering für: Gesellschaft für ökologische Forschung und BUND Naturschutz in Bayern BN, „Der gekaufte Winter", 2015, **70. Wessen Arbeit ist wie viel wert?,** Statistisches Bundesamt, **71. Lupenreine Demokratien,** Democracy Index/The Economist, **72. Gift und Herkunft,** Bundesamt für Verbraucherschutz und Lebensmittelsicherheit (BVL), **73. Drohnentote unter Obama,** The Bureau of Investigative Journalism, **74. Scheren des Reichtums,** Global Wealth Databook-/Credit Suisse, **75. Wie tödlich ist das HI-Virus?,** World Health Organization, (WHO), **76. Gerechte Löhne?,** International Labour Organization Global Wage Database, **77. Tatsächlicher Benzinverbrauch,** The International Council on Clean Transportation (ICCT): „From Laboratory to Road", 2016, **78. Riskanter Job,** committee to protect journalists (cpj) und eigene Auswertung, **79. Trumps Lügen,** Washington Post: „100 days of Trump claims", **80. Aufschlag für Frauen,** Verbraucherzentrale Hamburg, **81. Wie frei ist das Internet?,** Freedom House – Freedom on the Net 2016, **82. Geiz am Kind,** German Socio-Economic Panel Study (SOEP): „Unterhaltsansprüche und deren Wirklichkeit", B. Hartmann, **83. Nett zu den Multis,** Tax Justice Network (TJN), **84. Die Welt in vier Klassen,** Weltbank, **85. Der traurige amerikanische Kalender,** The Guardian: „The counted" und eigene Auswertung, **86. Silvesterböllerei,** Umweltbundesamt und eigene Berechnungen, **87. Modern und undurchsichtig,** Transparency International, **88. Eingesperrt und rausgeworfen,** eigene Recherchen und Berechnungen, **89. Facebooks Sammelwut,** veekaybee.github.io und eigene Berechnungen, **90. Strafen für Kartelle,** Europäische Kommission

Besuchen Sie uns im Internet:
www.droemer.de

Ein Imprint der Verlagsgruppe Droemer Knaur GmbH & Co. KG, München
Covergestaltung: Ole Häntzschel, Berlin
Satz: Ole Häntzschel, Berlin
Druck und Bindung: Uhl, Radolfzell
ISBN 978-3-426-27746-1

5 4 3 2 1